Ludwig Hierl und Stefan Mosig

Mobile Payment - Bezahlen 4.0

Hürden und Lösungsansätze für einen Durchbruch des mobilen Bezahlens am stationären Point-of-Sale (POS)

© 2016 Hierl, Ludwig / Mosig, Stefan

Verlag: tredition GmbH, Hamburg

ISBN
Paperback   978-3-7345-0901-8
Hardcover   978-3-7345-0902-5
e-Book   978-3-7345-0903-2

Printed in Germany

Inhaltsverzeichnis

1. Einführung und Grundlagen

Einkaufsentscheidungen sind keine einfachen Entscheidungen, wenngleich dies den Kunden nicht immer bewusst ist und diese durchaus auch Spontankäufe (sog. Impulskäufe) tätigen, ohne das in Abbildung 1 dargestellte Theoriemodell zum Konsumentenverhalten nach Kotler et al. (2012, S. 259) vollständig zu durchlaufen.

Nachdem beispielsweise aufgrund verschiedener Stimuli (z.B. Werbung für Smartphones oder das bisherige Handy ist nach einem Unfall defekt) und unter Berücksichtigung von persönlichen Erfahrungen (z.B. erschien die Software des bisherigen Smartphone-Herstellers als nicht ausreichend stabil) sowie finanzieller Rahmenbedingungen (z.B. würde der Kauf eines Apple-Smartphone das persönliche Budget überschreiten) der prinzipielle Entschluss zur Beschaffung von einem Smartphone ohne Mobilfunkvertrag getätigt wurde (Product choice), ist eine Auswahl unter möglichen Marken wie beispielsweise Samsung, Nokia oder LG Electronics (Brand choice) vorzunehmen. Nach einer Festlegung auf eine konkrete Modellwahl (z.B. Galaxy S6; Detaillierung der Product choice) ist eine präferierte Einkaufsstätte wie etwa die MediaMarkt-Saturn-Gruppe oder eine Internet-Handelsplattform zu bestimmen (Dealer choice). Als weitere Schritte folgen die Festlegung auf die gewünschte Einkaufsmenge (Purchase amount, z.B. 1 Stück) sowie den Kaufzeitpunkt (Purchase timing, z.B. am kommenden Samstag gegen 10 Uhr). Der vermeintlich letzte Prozessschritt im Verhaltensmodell von Konsumenten nach Kotler et al. (2012, S. 259), ist die Wahl des präferierten Zahlungsmittels. Sofern der gewählte Händler z.B. lediglich Barzahlung anbieten würde und der Kunde dies nicht akzeptieren möchte und könnte (mangels ausreichender Barmittel), würde er den Kaufprozess wohl (durchaus verärgert) abbrechen und seine Kaufabsicht entweder grundlegend hinterfragen oder versuchen, sein vermeintliches „Einkaufsglück" bei einem anderen Händler zu finden.

Abbildung 1

Model of consumer behaviour (Konsumentenverhaltensmodell)

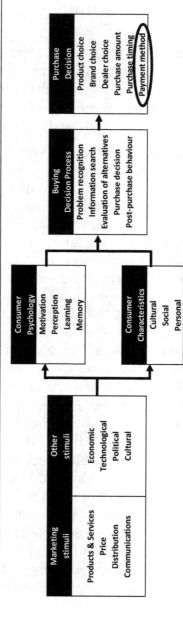

Marketing stimuli

Products & Services
Price
Distribution
Communications

Other stimuli

Economic
Technological
Political
Cultural

Consumer Psychology

Motivation
Perception
Learning
Memory

Consumer Characteristics

Cultural
Social
Personal

Buying Decision Process

Problem recognition
Information search
Evaluation of alternatives
Purchase decision
Post-purchase behaviour

Purchase Decision

Product choice
Brand choice
Dealer choice
Purchase amount
Purchase timing
Payment method

Prozessablaufquelle: Kotler et al. (2012), S. 259

8

In Deutschland wie im übrigen Euro-Währungsraum werden heutzutage Bezahlvorgänge weit überwiegend nur noch bargeldlos durch Transaktionen von sogenanntem Buchgeld (alternativ auch als Giralgeld bezeichnet) getätigt. Das Bargeld in Form von Banknoten (Papiergeld) sowie Münzen repräsentiert nur noch einen geringen Teil der gesamten Geldmenge (vgl. Deutsche Bundesbank 2015a).

In Anlehnung an ein berühmtes gallisches Dorf von Rene Goscinny und Albert Uderzo scheint es allerdings eine vermeintlich letzte legale Bastion zu geben, bei der diese Aussage nicht zutrifft. Gemäß einer in 2014 durchgeführten Studie der Deutschen Bundesbank (2015b, S. 27) wurden in stationären deutschen Einkaufsstätten 53,2 % des Gesamteinkaufswertes und damit nach wie vor die absolute Mehrheit mit Bargeld bezahlt. Im Zeitverlauf haben es weder die Bezahlvarianten der zweiten Generation (Schecks, Eurocheques), noch der dritten Generation (Girocards, sonstige Karten) geschafft, das Bargeld in diesem Wirtschaftsbereich in seiner führenden Bedeutung abzulösen.

Anknüpfend an diese Ausgangssituation widmet sich die vorliegende Arbeit der zentralen Fragestellung, ob und unter welchen technischen wie sonstigen Bedingungen der vierten Generation (Mobile Payment) der Durchbruch gelingen und auf absehbare Zeit ein signifikanter Beitrag dazu geleistet werden kann, das Bargeld als führendes Bezahlinstrument am stationären Point-of-Sale (POS) abzulösen. In Analogie zu den gegenwärtig noch einem Nischensegment zugeordneten Biolebensmitteln wird eine erfolgreiche Marktetablierung von mobilen Bezahlverfahren bereits bei einem Marktanteil von zumindest wenigen Prozent als erreicht angesehen. Derzeit liegt der Marktanteil von Mobile Payment gerundet noch bei 0,00 % (vgl. Abschnitt 2.1.). Ein ambitionierteres Ziel für die Definition einer erfolgreichen Etablierung im Markt für Zahlungsinstrumente bedürfte unter anderem vor dem Hintergrund des Erfordernisses von längeren Anpassungszyklen bei den sehr traditionsbewussten Konsumenten in Deutschland eines exogenen

Schocks. Die Wahrscheinlichkeit für den Eintritt eines solchen Ereignisses ist in den vergangenen Monaten durchaus signifikant gestiegen. Einige Ökonomen sowie die Europäische Zentralbank haben im Sommer 2015 die Vorteilhaftigkeit einer vollständigen Abschaffung des Bargelds bekräftigt. Mehrheits- und umsetzungsfähig sind diese Forderungen derzeit allerdings wohl noch nicht (vgl. Deutsche Bundesbank 2015c).

Zur thematischen Abgrenzung wird darauf hingewiesen, dass der Begriff Mobile Payment (synonym auch als mobiles Bezahlen oder M-Payment bezeichnet) im Rahmen dieser Arbeit im Sinne von sog. Mobile Proximity Payments verwendet wird, d.h. es erfolgt eine Bezahlung von Gütern oder Dienstleistungen mit dem mobilen Endgerät (Mobiltelefon oder Tablet) vor Ort (d.h. bei physischer Anwesenheit des Käufers) in einer stationären Einkaufsstätte mit einer Technologie wie beispielsweise NFC oder QR-Codes (vgl. Abschnitt 4.2.). Bei einer räumlich von dem erworbenen Gut (bzw. von der erworbenen Dienstleistung) unabhängig durchgeführten mobilen Bezahlung (z.B. Verlängerung eines Parktickets von unterwegs) handelt es sich um sog. Mobile Remote Payments mittels beispielsweise der GSM- oder der UMTS-Technologie (vgl. EPC 2014, S. 11 und 15). Zur Begrenzung des Umfangs der Arbeit wurde auf eine begriffliche Differenzierung von Handelsunternehmen, Einzelkaufleuten sowie Händlern ebenso verzichtet wie auf eine Unterscheidung nach den zwischenzeitlich sehr zahlreichen Betriebstypen (neuere Erscheinungsformen sind z.B. sog. Convenience Shops sowie Erlebniseinkaufswelten).

Die Arbeit ist wie folgt gegliedert. Im nachfolgenden zweiten Kapitel werden zunächst die einzelnen Zahlungsinstrumente sowie deren historische Entwicklung am POS dargestellt. Anschließend wird die Motivation für bare und unbare Zahlungsweisen aus Sicht von Verbrauchern und von Handelsunternehmen herausgearbeitet sowie daraus Hemmnisse für einen erfolgreichen Roll-Out von Mobile Payment-Lösungen abgeleitet. Die Anforderungen und

Herausforderungen für eine Marktetablierung von Mobile Payment werden in Kapitel drei angeführt. Neben den einzelnen Stakeholder-Perspektiven werden auch die jeweiligen Erfolgsbedingungen für eine erfolgreiche Marktetablierung von Mobile Payment aufgezeigt. In Kapitel vier werden die potenziellen Transaktionswege sowie die vorhandenen Sicherheitsstandards dargelegt. Weil Mobile Payment bereits auf eine mehr als zehnjährige wechsel- wie hoffnungsvolle Geschichte zurückblicken kann, werden in Kapitel fünf ohne Anspruch auf Vollständigkeit zahlreiche Ansätze und Projekte dargestellt, die entweder bereits wieder aus dem Markt ausgeschieden sind, prinzipiell noch verfügbar sind oder demnächst erfolgreich sein könnten. In Kapitel sechs werden aus den vorangegangenen Untersuchungsergebnissen zunächst Überlegungen für die Ausgestaltung eines tragfähigen Modells zur Umsetzung zusammengetragen, bevor die Arbeit mit einem Fazit und einem Ausblick abgeschlossen wird.

2. Zahlungsverhalten am POS

2.1. Nutzung von Zahlungsinstrumenten

Mit Smartphone- und Tablet-Applikationen (sog. Apps) können relativ günstig und schnell unter anderem Recherchen durchgeführt, Informationen abgerufen, Bilder bearbeitet, Bestellungen getätigt sowie Informations- und Bildaustausche mit Kontakten durchgeführt werden. Aufgrund von damit verbundenen Zeit- und Kostenvorteilen sind diese Anwendungen aus dem Privat- und Geschäftsalltag gegenwärtig kaum noch wegzudenken, vgl. pointierte Zuspitzung der zwischenzeitlichen Verbreitung in Abbildung 2.

Abbildung 2

Smartphone-Anwendungen im Alltag

Ein sitzender, offensichtlich sehr alter und sehr weiser Mann zu einem Bergsteiger, der gerade den Gipfel eines hohen, einsamen Berges erklimmt:

"Sie suchen das Geheimnis großen Reichtums und spiritueller Erfüllung?
Ok ... Warten Sie einen Moment ...
Ich glaube, ich kann Ihnen da eine App empfehlen."

Textquelle: o.V. (2015)

Einzelne Nutzer haben mit ihren Mobiltelefonen auch bereits Optionen zur Bezahlung von beispielsweise Fahrkarten für den öffentlichen Personennahverkehr (ÖPNV) oder zur Bezahlung von Parkgebühren getestet und damit zumindest eine Nische geschaffen. Millionen Reisende buchen und bezahlen mit der DB Navigator App oder den Applikationen der Fluggesellschaften. Am Point-of-Sale (POS) hingegen ist der Anwendungsbereich des bargeldlosen Bezahlens mittels Mobiltelefonen derzeit noch nicht einmal erwähnenswert. Und das trotz zahlreicher Bemühungen sehr potenter Marktteilnehmer in den letzten mehr als zehn Jahren, vgl. Ausführungen in Kapitel 5.

In Deutschland befanden sich Ende 2014 insgesamt 133,95 Mio. Karten mit einer Zahlungsfunktion im Umlauf. Bei der von der Europäischen Zentralbank (EZB) verwendeten Einwohnerzahl von 82,36 Mio. ergibt sich damit rein rechnerisch, dass jeder Deutsche im Durchschnitt 1,63 Karten wie beispielsweise Bankkarten mit girocard-Funktion oder Kreditkarten besitzt (vgl. Europäische Zentralbank 2015b, S. 1, 45 und 49).

Dennoch scheinen Kunden in Deutschland bei Bezahlvorgängen in stationären Einkaufsstätten weiterhin eindeutig Bargeld zu präferieren, wie die nachfolgende Abbildung 3 basierend auf einer in 2014 durchgeführten Studie der Deutschen Bundesbank verdeutlicht (vgl. Deutsche Bundesbank 2015b, S. 27). Während noch etwas mehr als die Hälfte der von den 2.019 Befragungsteilnehmern während einer sog. Tagebuchwoche getätigten Einkäufe bar bezahlt wurden und die girocard mit knapp einem Drittel zumindest den zweiten Platz festigen konnte, folgen weitere bargeldlose Zahlungsinstrumente wie Überweisungen, Kreditkarten und Lastschriften mit deutlichem Abstand. Von dem protokollierten Gesamteinkaufswert in Höhe von 502.544,10 Euro wurden 77,49 Euro mit dem Mobiltelefon bezahlt. Somit ergibt sich sowohl hinsichtlich des Transaktionsanteilswertes, als auch hinsichtlich der Anzahl an Zahlungstransaktionen mit dem Mobiltelefon (5 von 19.247) jeweils ein Anteil von gerundet 0,00 %. Bei einer positiven Interpretationsabsicht kann zumindest attestiert werden, dass erste Nutzer in der Praxis ihr Smartphone auch tatsächlich bereits zur Bezahlung einsetzen.

Abbildung 3

Anteil von Zahlungsinstrumenten nach Umsatz in 2014

in Prozent

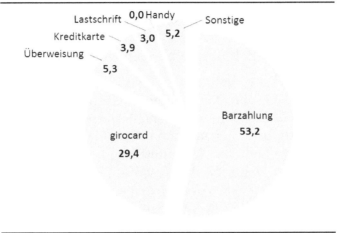

Lastschrift 0,0 Handy — Sonstige
Kreditkarte — 3,0 5,2
Überweisung — 3,9
5,3

girocard
29,4

Barzahlung
53,2

Anzahl Befragungsteilnehmer: 2.019

Datenquelle: Deutsche Bundesbank (2015b), S. 27

Im Rahmen einer Auswertung von 192 Teilnehmerfragebögen ergab sich bei Mosig (2012, S. 43) eine Barzahlungsquote in Höhe von 43 %, d.h. 57 % präferierten nach dieser Untersuchung bereits bargeldlose Zahlungsformen am POS, wobei auch bei ihm kein Anteil für mittels Mobile Payment getätigte Umsätze erkennbar war. Der Unterschied von immerhin 10 PP (Prozentpunkten) bei der Barzahlungsquote gegenüber der soziodemografisch (d.h. hinsichtlich des verwendeten Bevölkerungsquerschnitts) repräsentativeren Studie der Deutschen Bundesbank ist wohl im Wesentlichen darauf zurückzuführen, dass der Bildungsstand und damit unter anderem das Einkommen, die Technikaffinität, aber auch die Möglichkeiten zur Nutzung von Kreditlinien bei den Studienteilnehmern von Mosig (2012) deutlich höher ausgeprägt waren. Der Anteil der Befragten mit abgeschlossenem Studium betrug beispielsweise etwa 52 %, ein Wert der sehr deutlich über dem repräsentativen Bevölkerungsquerschnitt für Deutschland liegen dürfte.

Bei einer ähnlichen soziodemografischen Strukturierung gaben in der Studie von Serfas (2015, S. 6) etwa drei Jahre nach der Studie von Mosig (2012) bereits 13 % von 1.312 Befragungsteilnehmern an, Mobile Payment als Zahlungsinstrument genutzt zu haben.

Nachrichtlich sei erwähnt, dass von der Deutschen Bundesbank für das Jahr 2014 auf Basis einer Vollerhebung bei allen 1.857 inländischen Zahlungsverkehrsdienstleistern insgesamt 17,99 Mrd. bargeldlos getätigte Transaktionen erfasst wurden. Der Anteilswert davon für Zahlungen mit Mobiltelefonen wurde nicht gesondert ausgewiesen (vgl. Deutsche Bundesbank 2015d, Tabellen 4 und 6a). Laut den Payment Statistics der Europäischen Zentralbank basierend auf den Daten von 28 EU-Mitgliedsländern wurden 2014 insgesamt 103,16 Mrd. bargeldlose Transaktionen getätigt, davon 68,07 Mrd. in der Eurozone (vgl. Europäische Zentralbank 2015b, S. 11). Im World Payments Report wird basierend auf globalen Hochrechnungen eine Steigerung der weltweit bargeldlos getätigten Transaktionen von 357,9 Mrd. im Jahr 2013 auf 389,7 Mrd. im Jahr 2014 und damit ein Wachstum von 8,9 % geschätzt (vgl. Capgemini/Royal Bank of Scotland 2015, S. 13). Ein Anteil für Mobile Payment-Transaktionen wird auch in diesem Bericht nicht gesondert ausgewiesen, wenngleich eine Zahlungsoption mit dem Handy gerade in Schwellenländern manchmal überhaupt erst finanzielle Transaktionen ermöglicht.

Nochmals zurückkommend auf das Zahlungsverhalten in stationären Einkaufsstätten in Deutschland ist als Zwischenergebnis festzuhalten, dass es im Zeitverlauf (zu Details in der Entwicklungsgeschichte vgl. die nachfolgenden Ausführungen in Abschnitt 2.2.) weder die Bezahlvarianten der zweiten Generation (Schecks, Eurocheques), noch der dritten Generation (girocard, sonstige Karten) geschafft haben, das Bargeld als eindeutig präferierte und geradezu habitualisierte Zahlungsform (vgl. das wohl weithin geläufige Sprichwort „nur Bares ist Wahres") am POS abzulösen. Und auch von der vierten Generation (Mobile Payment) scheint diesbezüglich zumindest gegenwärtig noch keine Gefahr auszugehen.

2.2. Historische Entwicklung des Zahlungsverhaltens

Das Zahlungsverhalten am stationären POS hat sich in den vergangenen 50 Jahren durchaus erheblich gewandelt, geblieben ist jedoch die Präferenz der Verbraucher für Bargeld, wenngleich zumindest mit abnehmender Tendenz.

Bis in die 1960er Jahre verfügte lediglich ein relativ geringer Teil der Bevölkerung über ein Girokonto in einer Bank. Es war durchaus noch üblich, Gehalt in sog. Lohntüten in bar oder unbar per Scheck zu erhalten. Die Schecks wurden von den Arbeitgebern auf die Partnerbanken der jeweiligen Unternehmen bezogen und konnten den Überbringern (Inhaber der Schecks) in der bezogenen Bank ausgezahlt werden (sog. Barscheck). Alternativ war auch eine Verrechnung des Scheckbetrags mit einem Girokonto möglich, sofern ein solches vorhanden war (sog. Verrechnungsscheck). Der damalige Scheckverkehr funktionierte noch rein vertrauensbasiert, d.h. für die Scheckinhaber gab es keine Einlösungsgarantie, sie mussten das Risiko einer mangelnden Deckungsfähigkeit (Bonität) des Ausstellers (des Bezogenen) selbst vollumfänglich tragen. Aus gegenwärtiger Perspektive betrachtet war dieses bis heute in seiner ursprünglichen Form (allerdings nur noch in einem relativ geringen Umfang, vgl. Europäische Zentralbank 2015b, S. 8 und 12) bestehende System umständlich und an Schalteröffnungszeiten zur Girokontogutschrift von Schecks bzw. zur Auszahlung von Bargeld gebunden. Im Oktober 1968 einigten sich die 18 Länder Belgien, Dänemark, Deutschland (BRD), Finnland, Frankreich, Großbritannien, Irland,

Italien, Liechtenstein, Luxemburg, Monaco, die Niederlande, Norwegen, Österreich, San Marino, Schweden, die Schweiz sowie Spanien auf die Einführung eines einheitlichen Zahlungssystems für Schecks, unter anderem mit der Zielsetzung der Vereinfachung von grenzüberschreitenden Transaktionen zwischen den teilnehmenden Ländern. Die ersten sog. Eurocheques (Kurzform: EC) wurden schließlich am 01.05.1969 ausgestellt. Zur Beseitigung des zuvor größten Mangels, der fehlenden Einlösungsgarantie, wurde eine sog. Eurocheque-Karte (EC-Karte) entwickelt. Wurde ein Eurocheque in Verbindung mit einer EC-Karte ausgestellt, garantierte die jeweils bezogene Bank deren Einlösung bis zu einem Haftungsbetrag von zunächst maximal 300 DM (später 400 DM). In den Folgejahren stieg zum einen die Anzahl der Länder deutlich an, deren Geschäftsbanken am einheitlichen Eurocheque-System als Emittenten bzw. Akzeptanten teilnahmen (darunter auch Länder im Nahen Osten sowie im Norden Afrikas). In der weiteren Entwicklung wurden die EC-Karten mit zusätzlichen Funktionen ausgestattet. Neben einer Garantie zur Einlösung von Eurocheques waren nun an den im Markt neu etablierten Automaten der Banken und Sparkassen vor allem auch Geldabhebungen sowie Abrufe von Kontoständen möglich.

Ab 1975 wurde das Eurocheque-System auch für den Nichtbankenbereich geöffnet. Die flächendeckende Akzeptanz dieses Zahlungsinstruments im Handel begann allerdings erst etwa im Jahr 1981. Mit Hilfe von Kartenlesegeräten (Terminals) wurde der Magnetstreifen der Eurocheque-Karte ausgelesen und auf dieser Datenbasis (Kontoinhaber, Konto, Bankleitzahl) eine Datei generiert, die im Rahmen eines Kassenschnitts (gesammelte Übertragung der bis zu einem Zeitpunkt durchgeführten Zahlungen) über den technischen Netzbetreiber an die entsprechend bezogenen Banken weitergereicht wurde. Das Erfordernis eines regelmäßigen Kassenschnitts ist zum einen auf die zu der damaligen Zeit geringe Speicherfähigkeit der Terminals, zum anderen auch auf die Zielsetzung der Vermeidung von Datenverlusten, zurückzuführen.

So wurde die Lastschrift zur ersten flächendeckend akzeptierten Form der bargeldlosen Zahlung im deutschen Einzelhandel. Ab dem 01.06.1984 konnten mit der Eurocheque-Karte in Kombination mit der Eingabe einer persönlichen Identifikationsnummer (PIN) Transaktionen über Geldausgabeautomaten flächendeckend vorgenommen werden. Diese Entwicklungen werteten die Eurocheque-Karte zu einer weitreichend einsetzbaren Debitkarte auf. Das POS-Zahlungsverfahren unter dem Markennamen „edc" und die Marke „EC" wurden 1993 als globale Debitkarte unter dem Namen „Maestro" (Debitsystem des Kartenunternehmens Mastercard) zusammengeführt. 1987 war das Netz von Geldausgabeautomaten bereits auf ca. 3.500 Automaten angewachsen. Bis 2014 setzte sich dieses nahezu exponentielle Wachstum auf ca. 56.800 fort (vgl. Deutsche Bundesbank 2015d, Tab. 5). Die Bedeutung des Schecks selbst geriet immer weiter in den Hintergrund. Weitere Informationen zur Entwicklung bis hierher finden sich beispielsweise in Jacob (1987) sowie Hartmann (2000).

Die Entwicklung der Nutzung von Zahlungsinstrumenten mit einer weitgehenden Ablösung von einigen Systemen durch andere (Substitutionseffekte) am POS ab Mitte der 1990er Jahre wird in Abbildung 4 veranschaulicht. Dazu einige Anmerkungen:

- Ende 2001 entfiel die Eurocheque-Garantie, d.h. seit Anfang 2002 sind die auf einem Eurocheque-Vordruck ausgestellten Schecks wieder lediglich „normale" Schecks aufgrund der jeweiligen Scheckgesetze, ohne Haftungsübernahme durch die jeweils bezogene Bank (vgl. Stiftung Warentest 2001).

- Während die Abkürzung "EC" ursprünglich für "Eurocheque" stand, bezeichnete sie später (ab 1990) das von der Deutschen Kreditwirtschaft (Interessenverband der kreditwirtschaftlichen Spitzenverbände) betriebene Debitkartensystem "Electronic Cash". Unter diesem Begriff wurde fortan das bargeldlose

Bezahlen an EC-fähigen Terminals mit einer (von einem an den Verband angeschlossenen Institut herausgegebenen) Bankkarte und Geheimzahl (PIN) sowie das Abheben von Geld an Automaten rund um die Uhr subsumiert. Gegenüber den diese Zahlungsform akzeptierenden Handelsunternehmen wurde eine Garantie zur Zahlung übernommen, d.h. Rücklastschriften oder Ausfälle zu Lasten der Händler waren bei einer ordnungsgemäßen Zahlungsabwicklung ausgeschlossen (vgl. Deutsche Kreditwirtschaft 2015a).

- Das hohe Wachstum der Umsätze mit Electronic Cash ab etwa dem Jahr 2003 war zum großen Teil auf die Einführung dieses Systems unter anderem bei den Discountketten Aldi, Lidl und Schlecker zurückzuführen. Diese Nutzungs-Erkenntnisse bei einer relativ zeitgleichen und flächendeckenden Verfügbarkeit eines neuen Zahlungsmittels (hier bei Discountern) könnten durchaus auch als Antriebskraft für Mobile Payment dienen.

- Am Zenit der Entwicklung des Lastschriftverfahrens ist ein weiterer Effekt erkennbar. Gestiegene Risiken und der vergleichsweise hohe Bearbeitungsaufwand besonders im Hinblick auf das Inkasso zahlungsgestörter Forderungen veranlasste viele Händler zur Rückkehr zum zwar teureren, aber zahlungsgarantierten EC-Cash-Verfahren. Das Lastschriftverfahren Point-of-Sale ohne Zahlungsgarantie (POZ) mit EC-Karte und Unterschrift, aber ohne PIN-Eingabe wurde 2006 nach etwa 16 Jahren Betrieb eingestellt.

- Der Niedergang der Lastschrift wurde erst gebremst durch die Einführung von Sperrdateien der Netzbetreiber, den Betrieb einer offiziellen polizeilichen Sperrdatenbank, der Entwicklung des Elektronischen Lastschriftverfahrens (ELV, easycash GmbH) sowie des Online Lastschriftverfahrens (OLV, First Data bzw. Telecash). Die Systeme ELV und OLV sind garantierte Lastschriftverfahren, die empirisch und gestützt auf Sperrdateien die Risiken von Forderungsausfällen minimieren. Bei Risikobedenken erfolgt am Terminal ein Wechsel auf das EC-Cash-System mit PIN-Eingabe und Autorisierungsanfrage.

- Auf den Einsatz von Kreditkarten hatten die Entwicklungen beider Systeme sowie der Ausfall der Eurocheque-Garantie keine Auswirkungen.

- Mit der Einführung des Euro-Zahlungsraumes (Single Euro Payments Area, Kurzform: SEPA) wurde wiederum Electronic Cash abgelöst und von der Deutschen Kreditwirtschaft (DK) zusammen mit dem Deutschen Geldautomaten-System (DGS) unter dem Dach „Girocard" zusammengeführt.

- Girocard-Karten (ehemals EC-Cash) wurden zunächst etliche Jahre im Co-Branding mit Maestro ausgegeben, um den Kunden die Möglichkeit zu geben, die Karte auch international zu verwenden. Aufgrund einer Wettbewerbsöffnung wurden ab 2010 auch die Logos zu den Systemen Cirrus (Abhebung an Geldausgabeautomaten) und VPay (Debitsystem von Visa) auf die Girocard-Karten gedruckt. Für diese Systeme wird eine Kannibalisierung in den nächsten Jahren zu erwarten sein.

- Noch unsicher ist die Entwicklung des tatsächlichen Einsatzes von ExpressPay (American Express), PayPass (Mastercard/Maestro) und payWave (Visa/VPay), die Pendants zu den Kreditkarten-/Debitsystemen, um kontaktlose Bezahlung (NFC-basiert) zu ermöglichen. Aufgrund der hohen Marktdurchdringung, die von den Kartenorganisationen stark vorangetrieben wird, ist die Erfolgswahrscheinlichkeit als relativ hoch anzunehmen.

- Das zu kompliziert erscheinende Aufladen einer Geldkarte, die vergleichsweise hohen Gebühren für den Handel und für den Kunden nur schwer erkennbare, aber vom Bankenmarketing ausgerufene Vorteile machten den Ersatz des Bargeldes durch eine Karte im Portemonnaie offensichtlich nicht attraktiv genug für einen Durchbruch. Ob GiroGo, der um die NFC-Funktionalität erweiterte Nachfolger der Geldkarte sich außer als Stadioncard durchsetzen wird, ist fraglich.

Abbildung   4

Anteile der Zahlungsinstrumente nach geschätzten Umsatzanteilen am POS 1994-2015

in Prozent

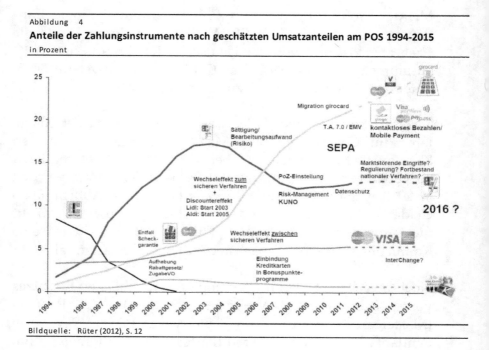

Bildquelle: Rüter (2012), S. 12

2.3.   Motivation für bare und unbare Zahlungsweisen

Bevor im weiteren Verlauf der Versuch unternommen wird, die Motivationshintergründe für bare und unbare Zahlungsweisen von Verbrauchern und von Handelsunternehmen aufzuzeigen, wird zunächst der Stand und die Entwicklung des Umlaufs an Euromünzen und Euroscheinen visuell aufbereitet.

Wie in den Abbildungen 5 und 6 zu erkennen ist, hat sowohl die Anzahl an Münzen und Scheinen, wie auch deren Wert seit der Einführung des Euro als Bargeld-Zahlungsmittel erheblich zugenommen. Im Oktober 2015 waren insgesamt 115,39 Mrd. Münzen im Wert von 25,74 Mrd. Euro sowie 18,13 Mrd. Banknoten im Wert von 1,05 Bio. Euro im Umlauf (vgl. Europäische Zentralbank 2015a). Auf eine Ursachenanalyse in Form des Versuchs einer anteiligen Zurechnung dieser Entwicklung auf ein wahrscheinlich insgesamt gewachsenes Vermögen der EU-Bürger, das aufgrund eines eventuellen Vertrauensverlustes gegenüber Buchgeld bzw. dem europäischen Bankensystem insgesamt wohl anteilsmäßig in gewachsenem Umfang in Form von Bargeld gehalten wird, wird an dieser Stelle verzichtet.

Abbildung   5

Menge der sich im Umlauf befindenden Euro-Münzen und Euro-Banknoten

in Mio. Stück

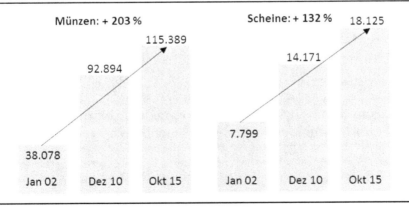

Datenquelle: Europäische Zentralbank (2015a)

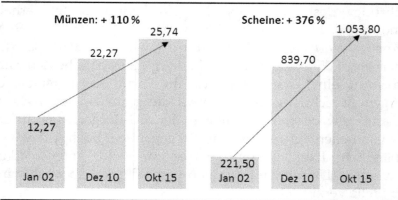

Abbildung   6

Wert der sich im Umlauf befindenden Euro-Münzen und Euro-Banknoten

in Mrd. €

Münzen: + 110 %

25,74

22,27

12,27

| Jan 02 | Dez 10 | Okt 15 |

Scheine: + 376 %

1.053,80

839,70

221,50

| Jan 02 | Dez 10 | Okt 15 |

Datenquelle: Europäische Zentralbank (2015a)

Die Entscheidung über die Verwendung eines bestimmten Zahlungsinstruments ist multiattributiv, d.h. Verbraucher müssen an den POS-Kassenterminals gleichzeitig mehrere Kriterien beurteilen und daraus eine Entscheidung ableiten. Wie Untersuchungen auf Basis der Theory of planned Behavior, des Technology Acceptance Model und des Transaktionskostenansatzes zeigen, wird diese Entscheidung insbesondere von der Einstellung des Verbrauchers zu den Zahlungsalternativen, seinem vergangenen Zahlungsverhalten, der Höhe des zu zahlenden Betrages, den vom Händler akzeptierten Zahlungsmitteln, seinem wahrgenommenen Nutzen sowie dem verfügbaren Bargeldbetrag in der Geldbörse determiniert (vgl. Walter 2010, S. 175-187).

Zur Erklärung, warum Verbraucher in Deutschland nach wie vor bare gegenüber unbaren Zahlungsweisen präferieren, können beispielsweise die nachfolgenden Argumente angeführt werden:

24

- Bei Barzahlungen am Point-of-Sale entstehen im Grundsatz keine Transaktionsgebühren.

  Achtung: Sofern eine vorhergehende Bargeldbesorgung durch Abhebung an einem Geldausgabeautomaten aus einem anderen als dem Abrechnungsnetz der Partnerbank erfolgte, fallen in der Regel Gebühren an, die hier ebenso wie pauschale Kartengebühren sowie Gebühren für Transaktionen in Fremdwährungen mit in die Überlegungen einzubeziehen sind.

- Es ist gewährleistet, dass Bargeld abgesehen von einer zu kleinteiligen oder im Vergleich zum Zahlungsbetrag zu großteiligen Stückelung, von Händlern als zulässiges Zahlungsmittel anerkannt wird. Gesetzlich sind gemäß § 14 Abs. 1 BBankG (Bundesbankgesetz) auf Euro lautende Banknoten das einzig unbeschränkt gültige gesetzliche Zahlungsmittel.

  Beispiele: Abgesehen von eventuell einem Brautschuhverkäufer akzeptiert wohl kein Händler, wenn ein Kunde einen Rechnungsbetrag in Höhe von beispielsweise 300 Euro mit seiner Sammlung an Cent-Münzen bezahlen möchte. Und z.B. eine Bäckerei müsste schon ungewöhnlich tolerant und liquide sein, wenn sie von einem Kunden zur Begleichung der Schuld für ein paar gekaufte Brötchen (Semmeln) einen 500 Euro-Schein akzeptieren würde.

- Weitere Prozessschritte wie die Suche nach der passenden Karte, das eventuelle aber dann korrekt vorzunehmende Einführen der Karte in ein Lesegerät (zu dieser keinesfalls trivialen Herausforderung vgl. Lischka 2008), die eventuelle Eingabe einer PIN, das eventuelle Ableisten einer Unterschrift sowie die Rücknahme der Karte sind bei einer Barzahlung nicht erforderlich. Kurzum, eine Barzahlung ist im Umgang zumeist gewohnter (und damit schneller), einfacher und bequemer. Die

Nutzung von Bargeld bedingt allerdings auch einen vorgelagerten Prozessschritt, die Besorgung von Bargeld.

Studienergebnis: Die Bundesbürger präferieren wie bereits erwähnt mehrheitlich nach wie vor Barzahlungen am Point-of-Sale. Wenig überraschend wird vorwiegend dann unbar bezahlt, wenn die Höhe des unmittelbar verfügbaren Bestandes an liquiden Mitteln im Portemonnaie nicht ausreicht, um damit den Zahlungsbetrag zu begleichen, vgl. Deutsche Bundesbank (2015b, S. 45f.).

- Die wahrgenommene Sicherheit ist bei Bargeld einerseits relativ hoch, weil Folgeschäden durch den Missbrauch von Kontozugangsdaten im Grundsatz nicht möglich sind. Ein möglicher Schaden z.B. bei Diebstahl (aber auch bei Brand- oder Wasserschäden) ist auf die Höhe der Münzen und Scheine in einer Geldbörse begrenzt. Andererseits ist hinsichtlich der Sicherheit an dieser Stelle als Nachteil auch einzuräumen, dass im Gegensatz zu einem Abhandenkommen von beispielsweise Girocard-Karten oder Kreditkarten bei einem Verlust einer Geldbörse faktisch und unmittelbar ein Schaden entsteht. Bei Barzahlungen ergibt sich zudem für Konsumenten ein Wechselgeldrisiko, vgl. nachfolgende Definition.

Definition Wechselgeldrisiko: Sowohl eine positive, wie auch eine negative Abweichung von dem eigentlich zu erwartenden Rückgeld bei einer Zahlung mit einem Gesamtwert, der den Einkaufswert übersteigt. Bezahlt ein Konsument bei einem von der Kassenkraft (vielleicht aufgrund von Scanfehlern nicht zwangsläufig korrekt) ermittelten Einkaufswert in Höhe von beispielsweise 37,32 Euro mit einer 50 Euro Banknote, so ergibt sich eigentlich ein Rückgeld in Höhe von 12,68 Euro. Nun kann es aus verschiedenen Gründen (z.B. Stress) sein, dass die Kassenkraft z.B. lediglich 11,68 Euro oder auch 12,86 Euro herausgibt. Gerade wenn das Wechselgeld einigermaßen stimmig erscheint, verzichten Konsumenten zur Vermeidung von

Missmut der nachfolgenden, auf den Kassiervorgang Wartenden auf die in ihrer Verantwortung liegende Prüfung des Wechselgelds.

- Während Kartenlesegeräte mindestens auf eine Stromversorgung angewiesen sind, kann eine Barzahlung selbst bei einem vollständigen Ausfall des Kassensystems durch manuelle Notizen durchgeführt werden. Eine Netzwerkverbindung zum Zahlungsdienstleister ist nicht ständig notwendig (sog. Offline-Transaktion bzw. Fall-Back-Lösungen im Terminal).

- Bei einer Barzahlung ist keine Authentifizierung erforderlich. Die datenschutzrechtliche Problematik einer Kombination von personen- mit standortbezogenen Informationen wird so bereits im Ansatz vermieden.

Hinweis zur Relevanz: Einerseits mögen heutige Generationen zwar insgesamt aufgeschlossener mit sensiblen Daten umgehen. Andererseits ergibt sich aus Expertengesprächen und persönlichen Beobachtungen, dass bei vielen Kunden selbst die relativ harmlose Frage nach der Postleitzahl des Wohnortes bereits ein gewisses Unbehagen auslöst.

- Bei Barzahlungen ist eine Überprüfung der verfügbaren (Rest-) Liquidität durch eine Blickkontrolle in die Geldbörse relativ einfach möglich. Sowohl bei zeitverzögerten Kreditkartenabrechnungen, als auch bei zeitlich nachgelagerten Abrufen von Kontoauszügen ist die Ausgabentransparenz geringer. Einerseits können sich daraus ungeplante Liquiditätsrestriktionen ergeben, wenn die tatsächlichen Einkaufswerte den persönlich vorgesehenen oder von der Bank eingeräumten Verfügungsrahmen überschreiten. Andererseits entsteht bei zeitlich nachgelagerten Kartenabrechnungen und Kontoauszugsabrufen gegenüber Barzahlungsvorgängen ein zusätzlicher Prozessschritt, nämlich eine mindestens zu empfehlende Kontrolle der Kartenabrechnung bzw. der Abbuchung von dem verwendeten Referenzbankkonto. Wie bereits erwähnt, ist in diesem Zusammenhang auch ein zusätzlicher, vorgelagerter Prozessschritt zu berücksichtigen, nämlich die Besorgung von Bargeld.

Studienergebnis: Gemäß Deutsche Bundesbank (2015b, S. 39 und 41) war das Gefühl einer besseren Ausgabenkontrolle mit 65 % der mit Abstand wichtigste Grund, warum sich immerhin exakt ein Drittel (33 %) der Befragungsteilnehmer der Gruppe der ausschließlichen Barzahler zuordnet. Es sei aber auch erwähnt, dass von der Gruppe der ausschließlich unbar Zahlenden (dies waren 17 % aller Befragungsteilnehmer) für 22 % der Grund für diese Zahlungspräferenz darin lag, dass auf diese Weise eine bessere Ausgabenkontrolle möglich ist (auch hier waren wieder bis zu drei Mehrfachnennungen möglich), vgl. Deutsche Bundesbank (2015, S. 39 und 43). Somit dient die bessere Ausgabenkontrolle sowohl Barzahlenden, als auch unbar Zahlenden als Argument, allerdings mit einer unterschiedlichen Gewichtung.

Bei Handelsunternehmen ist die Argumentation etwas diffiziler:

- Aufgrund einer zu empfehlenden Orientierung an dem zentralen Serviceleitsatz „der Kunde ist König" sollten im Grundsatz alle von den Kunden gewünschten Zahlungsinstrumente auch akzeptiert werden, solange hierfür keine unverhältnismäßig hohen Mitteleinsätze zur Umsetzung erforderlich sind. Das in der Abbildung 7 dargestellte Ergebnis der Studie ibi research (2015a) überrascht in diesem Zusammenhang, weil dieses Postulat in der Praxis offensichtlich viele Händler missachten, immerhin 29 % scheinen noch nicht einmal eine girocard als Zahlungsinstrument zu akzeptieren. Der Rückschluss auf einen

Wirkungszusammenhang dieser Ergebnisse mit dem „Händlersterben" liegt nahe, d.h. die Ursache hierfür ist wohl nicht immer nur die vermeintliche Übermacht von Unternehmen wie Amazon, sondern durchaus auch eine unzureichende Serviceorientierung. Handelsunternehmen sollten berücksichtigen, dass in Deutschland die Entscheidungsfreiheit bezüglich der Wahl des Zahlungsinstruments sehr geschätzt wird (vgl. Deutsche Bundesbank 2015b, S. 77) und jede diesbezügliche Begrenzung Unmut beim Verbraucher hervorrufen könnte, wenn sein gewünschtes Zahlungsmittel nicht angeboten wird.

Abbildung 7

Mit welchen Zahlungsverfahren neben Bargeld können Ihre Kunden in Ihrem stationären Geschäft bezahlen?

in Prozent

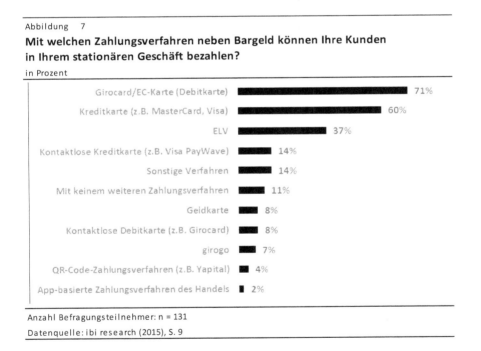

Anzahl Befragungsteilnehmer: n = 131

Datenquelle: ibi research (2015), S. 9

- Die Kassendurchlaufzeit und damit die Kennzahl „abgewickelte Bezahlvorgänge je Minute" sind ein zentraler

Erfolgsindikator für Handelsunternehmen. Bei einer Verschlechterung dieser Produktivitätskennzahl können sich einerseits die Personalkosten erhöhen, weil dann mehr Kassenkräfte zur Abwicklung einer gleichbleibenden Kundenanzahl erforderlich werden. Andererseits könnten selbst bei einer lediglich geringfügigen Verlängerung der gefühlten Wartezeit am „Point-of-Pay" Kunden im Worst Case sogar ihren gesamten Einkauf abbrechen, zukünftig eine andere Einkaufsstätte wählen und entsprechend eine Reduktion von Umsatzerlösen bedingen. Zusammenfassend ist somit festzuhalten, dass oft Zahlungsinstrumente mit der höchsten Abwicklungsgeschwindigkeit bevorzugt werden. Sowohl bei Barzahlungsvorgängen (Stichwort: Kunde möchte „passend" bezahlen und sucht einzelne Münzen oder es ist nicht mehr ausreichend Wechselgeld vorhanden), als auch bei unbaren Zahlungsvorgängen (Stichwort: Karte ist nicht lesbar) können unliebsame Störungen entstehen.

Hinweis: Meldungen wie die, dass wir insgesamt fünf Tage pro Jahr im Supermarkt und davon einen an der Kasse verbringen (vgl. Thinius 2012), erfüllen ihr Ziel, nämlich Aufmerksamkeit bei Lesern zu generieren. Relativierend ist hierzu beispielsweise anzumerken, dass Bundesbürger im Durchschnitt etwa zwölf Jahre ihres Lebens vor dem Fernseher verbringen (vgl. Pelikan 2014).

- Die Abwicklung von Barzahlungsvorgängen verursacht für die Handelsunternehmen Kosten, insbesondere für die Gewährleistung der Sicherheit bei der zunächst erforderlichen Besorgung von Wechselgeld sowie der abschließenden, meist einmal täglich durchzuführenden sog. Bargeldentsorgung. Zur Reduktion von Einbruch- und Diebstahlrisiken sind Einnahmen regelmäßig zur jeweiligen Partnerbank zu transportieren. Neben vor allem Personal-, Fahrzeug-, Schulungs- und Versicherungskosten fallen dafür gegebenenfalls auch Bankgebühren an, unter anderem für die Durchführung einer Echtheitsprüfung. Aus dieser Argumentation lässt sich nun allerdings noch nicht unmittelbar der Rückschluss tätigen, dass Händler bargeldloses Bezahlen präferieren sollten. Schließlich entstehen auch dabei Kosten in Form von Gebühren an die jeweiligen Lösungsanbieter wie beispielsweise Netzbetreiber und Kreditkartenunternehmen. Laut einer Studie des European Payments Council (EPC) fielen bei der Akzeptanz von Bargeld bislang ca. 1,2 % Kosten bezogen auf den Umsatz an, bei der Akzeptanz von Debitkarten je nach System dagegen nur zwischen 0,2 % bis 0,8 %. Erfahrungsgemäß unterschätzte allerdings die Mehrzahl der befragten Händler bzw. Akzeptanzstellen die Kosten des Bargeldhandlings (zitiert nach Kleine et al. 2012, S. 5). Nachdem in den vergangenen Jahren bereits einige Gebührenreduktionen erfolgten, wurden nun basierend auf Art. 3 Abs. 1 der EU-Verordnung 2015/751 u. a. die Gebühren für Transaktionen mit Debitkarten auf höchstens 0,2 % des Transaktionswerts begrenzt. Bargeldhandling wird damit für den Handel nochmals unattraktiver.

- Im Vergleich mit beispielsweise Industrieunternehmen besteht ein zentraler Nachteil von Handelsunternehmen darin, dass mangels Auftragseingängen und -beständen noch nicht einmal für den folgenden Werktag eine Planungssicherheit gegeben ist. Jegliche Informationen über Kunden können daher zu einer Verbesserung der Genauigkeit von Absatzprognosen beitragen. Zahlungsinstrumente, mit denen Händler personenbezogene Informationen über ihre Kunden dokumentieren und für beispielsweise Loyalty-Programme oder zielkundengenaue Werbemaßnahmen verwenden können, werden daher im Grundsatz präferiert.

- Eine Wahrnehmung als Technik- bzw. Innovationsführer bei Bezahlvorgängen kann einen Wettbewerbsvorteil generieren, der zur Reduktion von Kosten- und Qualitätsnachteilen im Sortiment beitragen kann (vgl. nachfolgendes Studienergebnis). Neben der Attrahierung neuer Kundengruppen (und dies sind voraussichtlich nicht nur die sog. Nerds) kann für die Kunden beim Verlassen der Einkaufsstätte nochmals ein abschließendes Erlebnishighlight generiert werden (sog. Involvement). Dieses Argument führt zu der Empfehlung für den Handel, den Themenbereich Mobile Payment mindestens genauer zu prüfen.

Studienergebnis: Im Rahmen einer vom Institut für Handelsforschung (2015, S. 18) durchgeführten Befragung von 444 Personen gaben 61 % an, dass Händler, die eine Bezahlung über ein Mobiltelefon anbieten, als besonders innovativ wahrgenommen werden.

2.4. Hemmnisse für einen Erfolg von Mobile Payment

Die deutschen Verbraucher präferieren bei Bezahlvorgängen am stationären POS Bargeld unter anderem deshalb nach wie vor, weil es gewohnt und bequem im Umgang ist, keine technischen Kompetenzen erfordert, als Zahlungsmittel flächendeckend akzeptiert wird, eine Kontrolle der Liquidität zumeist einfacher als bei anderen Zahlungsmitteln erscheint, die persönliche Identität nicht preisgegeben werden muss und insgesamt die wahrgenommene Sicherheit sehr hoch ist.

Aus der Perspektive der Handelsunternehmen ist Bargeld zwar einerseits sofort, d.h. vor allem auch ohne Zahlungsausfallrisiko verfügbar, die erforderlichen Transaktionszeiten sind relativ gering und die erforderlichen Kassenterminalinvestitionen sind weitgehend getätigt, andererseits entstehen auch relativ hohe Kosten in Zusammenhang mit der Bargeldlogistik.

Als Zwischenergebnis ist somit festzuhalten, dass ein bedarfsauslösender Leidensdruck für die Einführung neuer Zahlungssysteme am POS nicht unmittelbar gegeben ist. Sowohl Verbraucher wie auch stationäre Händler müssen durchaus erst von einer entsprechenden Vorteilhaftigkeit überzeugt werden (gegebenenfalls mit Zusatzleistungen) und deren Bedenken vor allem betreffend Akzeptanz- und Sicherheitsaspekten ausgeräumt werden.

Viele der in Abschnitt 5.2. noch darzustellenden bisherigen Mobile Payment-Lösungen sind wohl unter anderem auch an dieser trivial anmutenden Erkenntnis gescheitert. Des Weiteren haben es die in Abschnitt 3.1. angeführten Stakeholder in der Vergangenheit nicht in ausreichendem Umfang geschafft, sich zu zielführenden Win-Win-Kooperationen mit entsprechenden Standards bezüglich Technik und erforderlicher Infrastruktur zusammenzuschließen.

Bisherige Lösungen waren aber auch vielfach zu komplex, zu teuer (insbesondere hinsichtlich erforderlicher Terminal- und Geräteinvestitionen für Händler und Verbraucher), zu langsam oder schlecht operabel. Auch die Zielsetzung, dass es ab einem bestimmten Zeitpunkt möglichst eine einzige Mobile Payment-Lösung („one fits all") geben sollte, die sofort flächendeckend verfügbar ist und in kurzer Zeit einen Marktanteil im zweistelligen Prozentbereich erreicht, erscheint im Rückblick als zentrales Hemmnis für einen Erfolg von Mobile Payment. Diese Situation kann durchaus verglichen werden mit einem Leistungssportler, der konfrontiert mit der Erwartungshaltung des Publikums, einen Weltrekord zu erreichen, noch nicht einmal seine Normalform abrufen kann. Ziele sollten eben SMART, d.h. unter anderem zwar fordernd, aber auch erreichbar sein.

Insbesondere die eigentlich für sämtliche Zahlungsinstrumente prädestinierten Banken und Sparkassen hielten sich bezüglich Mobile

Payment überraschend lange sehr bedeckt. Diese Zurückhaltung wird selbst in der im Sommer 2015 – und damit unmittelbar vor der Pilotierung der neuen Bankenzahlungslösung paydirekt (vgl. Abschnitt 5.3.) – durchgeführten Studie des EHI Retail Institute (2015, S. 13 und 22) nochmals deutlich. Während 91 % der befragten Händler Mobile Payment für einen Trend und 3 % sogar bereits für etabliert hielten, betrachteten 27 % der Banken dies noch als kurzfristigen Hype, tendenziell ohne langfristige Erfolgschancen. Und während sowohl Mobilfunkbetreiber, Walletanbieter und Kreditkartenorganisationen für paydirekt ein Erfolgspotenzial als Hybridlösung und damit auch im stationären Handel erwarteten, sehen die Banken für das eigene Modell lediglich eine Erfolgsaussicht im Onlinehandel. Neben Payback räumten die Banken im stationären Handel den zum Teil bereits wieder eingestellten Mobile Payment-Lösungen der Mobilfunknetzbetreiber (Wallets) und des Versandhändlers Otto (Yapital) die größeren Erfolgsaussichten ein. Im Bankenbereich scheint offensichtlich eine Wahrnehmung zu existieren, die nicht mit anderen Markteinschätzungen zur Deckung gebracht werden kann. Wohl auch aufgrund dieser pessimistischen Selbsteinschätzung trauen auch die Händler dem Bankenkonsortium um paydirekt den Erfolg im stationären Handel nicht wirklich zu. Giropay, einem weiteren Bankenprodukt, wird hier interessanterweise das größere Potenzial zugesprochen. Dennoch überwiegt der Händlerwunsch, eine Mobile Payment-Lösung nach Möglichkeit auf Basis des bisherigen elektronischen Lastschriftverfahrens zu entwickeln (für 80 % der Händler ist dies der Favorit, auf Platz zwei folgt girocard mit 74 %, vgl. EHI Retail Institute 2015, S. 24). Dies ist als klarer Handlungsauftrag anzusehen, das von den Banken initiierte paydirekt weiterzuentwickeln.

Während die Banken internationalen Kreditkartenorganisationen und sich selbst ein sehr hohes Potenzial zur Etablierung von Mobile Payment-Lösungen (allerdings offensichtlich nicht mit der eigenen Lösung) zuerkennen, übernimmt der Handel in diesem

Zusammenhang offenbar die pessimistischere Eigenhaltung der Banken und spricht diesen lediglich ein gutes Potenzial zu. Bei Anbietern wie PayPal und den Kreditkartenorganisationen wird ein höheres Potenzial gesehen. Dies ist beachtenswert, weil der Handel mit mindestens teilweiser Zustimmung der Auffassung ist, dass lediglich wenige Lösungen (94 %) von wenigen Anbietern (91 %) den Markt dominieren werden.

Die Verdrängung von Bargeld wird weder von der Banken-, noch von der Händlerseite in den kommenden fünf Jahren erwartet. Kreditkartenorganisationen hingegen sind deutlich optimistischer und wollen zur Stärkung der eigenen Wettbewerbsposition zukünftig noch passendere Lösungen anbieten, um damit neue Kunden zu gewinnen und damit eines Tages Verhältnisse wie in Skandinavien zu erreichen. Dort wird all denjenigen, die über keine entsprechende Anwendung zur Zahlung per Mobiltelefon verfügen, bereits seit einigen Jahren eine beschränkte Geschäftsfähigkeit attestiert (vgl. Steuer 2013).

3. Anforderungen sowie Herausforderungen für eine Marktetablierung von Mobile Payment

3.1. Marktteilnehmer (Stakeholder)

Während der deutsche Zahlungsverkehrsmarkt im Allgemeinen bereits unübersichtlich erscheint, ist der (potenzielle) Markt für Mobile Payment-Lösungen sogar noch erheblich fragmentierter. Es gibt in der Wertschöpfungskette zahlreiche weitere Akteure mit zum Teil komplementären, zum Teil aber auch konkurrierenden Interessen und Zielen, die bisher im Zahlungsverkehrsmarkt noch nicht oder zumindest kaum tätig waren.

Nachfolgend werden die zahlreichen Stakeholder zusammen mit einigen Motivations- und Bewertungsaspekten aus der Perspektive der Zielsetzung einer erfolgreichen Marktetablierung von Mobile Payment angeführt. Für die kommenden Monate und Jahre nach Drucklegung werden Konzentrationen im Markt sowie Austritte aus dem Markt erwartet.

- Kreditinstitute

  - Eine Liste der per 15.12.2015 insgesamt 1.777 zugelassenen Kreditinstitute findet sich bei BaFin (2015).

  - Die eigene Bank oder Sparkasse hat bei den Verbrauchern weiterhin ein relativ hohes Ansehen. Gemäß einer Studie von Kleine et al. (2012, S. 3f.) wünschen sich 80,1 %, dass mobile Bezahllösungen von dieser Stakeholdergruppe abgewickelt werden. Auf Platz zwei folgen Online-Zahldienste wie beispielsweise PayPal oder Giropay. Auch bei Kreimer/Rodenkirchen (2010, S. 14) findet sich ein ähnliches Studienergebnis.

o Bezüglich Mobile Payment-Lösungen hat sich diese Stakeholdergruppe bislang wenig durchsetzungswillig gezeigt. Dies ist vor dem Hintergrund von zukünftigen Geschäftsmodellentwicklungen, die das bisherige Bankensystem grundlegend neu gestalten und in Teilen auch überflüssig werden lassen können, durchaus überraschend. Zum Trend der abnehmenden Anzahl an Kreditinstituten vgl. Abbildung 8. Bill Gates hat bereits 1994 visionär festgestellt, dass „Banking is necessary, banks are not" (zitiert nach Filkorn 2015).

o Die Mobile Payment-Lösung paydirekt als Antwort der deutschen Kreditinstitute (Beteiligung von 40 privaten Banken, genossenschaftlichen Instituten und Sparkassen) auf PayPal wird in Abschnitt 5.2. dargestellt.

Abbildung 8

Anzahl der an die Deutsche Bundesbank berichtenden Kreditinstitute

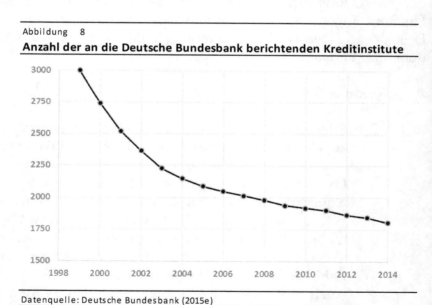

Datenquelle: Deutsche Bundesbank (2015e)

- Card Schemes (Kreditkartenorganisationen)

  o Weltweit wohl am bekanntesten sind die fünf Kreditkartenorganisationen Visa, MasterCard, American Express, Diners Club, JCB (Namensursprung: Japan Credit Bureau) und CUP (China Union Pay).

  o Das Geschäftsmodell dieser Unternehmen basiert auf der Schaffung von weltweit gültigen und akzeptierten Standards im Zahlungsverkehr. Die Einnahmen generieren sich zu großen Teilen aus der Lizenzvergabe für die Kartenausgabe, die Zahlungsabwicklung sowie die Kartenakzeptanz. Die kartenausgebenden Banken bleiben dabei weitgehend frei hinsichtlich Self- oder Co-Branding. Als Anwendungsbeispiel wird die Lufthansa Miles & More Credit Card (eine MasterCard) der Deutschen Kreditbank (DKB) angeführt (vgl. DKB 2015).

  Definition Co-Branding: Das „Aufnehmen von mindestens einer Zahlungsmarke und mindestens einer Nicht-Zahlungsmarke auf dasselbe kartengebundene Zahlungs-instrument" (EU-Verordnung 2015/751, Art. 2 Nr. 32).

  o Der von den Card Schemes weltweit implementierte chipbasierte Sicherheitsstandard EMV ermöglicht bereits heute mittels RFID- bzw. NFC-Technologie das kontaktlose Bezahlen per Kreditkarte. Zum einen sind jedoch die Präsenz des Chips bei der Transaktionsdurchführung sowie NFC-fähige Terminals erforderlich, zum anderen ist ein mobiles Endgerät des Kunden nicht erforderlich, so dass dies nicht der eingangs festgelegten Definition von Mobile Payment entspricht.

o Erste Mobile Payment-Lösungen in Kooperation mit Mobilfunk- oder Mobiltelefonanbietern wurden bereits in der Praxis getestet, bislang allerdings noch ohne signifikanten Erfolg (vgl. Abschnitt 5.2.).

o Ebenfalls zum Geschäftsmodell der großen Card Schemes gehören Debitsysteme wie Maestro, Cirrus (MasterCard) oder V-Pay (Visa), die analog girocard arbeiten, jedoch weltweit (z.B. an Geldautomaten) einsetzbar sind.

o Sofern eine Kreditkartenzahlung über das Mobiltelefon angestrebt wird und dafür die Kreditkartendaten im Telefon oder auf einem Chip im Telefon gespeichert werden sollen, ist eine Umsetzung ohne diese Stakeholdergruppe kaum möglich, unabhängig von der gewählten Datenübertragungstechnik.

- Issuer (Emittenten von Zahlungskarten)

o Ende 2014 befanden sich insgesamt 147,65 Mio. Karten im Umlauf, die in Deutschland ausgegeben wurden. Davon konnten 143,75 Mio. Karten zur Bargeldabhebung an Geldautomaten genutzt werden. Über eine integrierte Zahlungsfunktion verfügten 133,95 Mio. Karten (vgl. Deutsche Bundesbank 2015d, Tab. 5).

o Als Markteintrittsbarriere für Unternehmen, die Karten mit einer Zahlungsfunktion ausgeben möchten, wirkt in Deutschland die dafür erforderliche Banklizenz. So sind es dann derzeit auch vornehmlich Banken und andere Finanzinstitute, die Einnahmen generieren aus z.B. von Kunden zu tragenden Kartengebühren, aus Entgelten für Nutzungen im Ausland, aus Zinsen für ungedeckte Abhebungen, aus Gebühren für Bargeldabhebungen sowie aus Gebühren im Interbankenverkehr (sog. Interchange Fees) mit den Händlerbanken (Acquirer).

Interbankengebühren: Am 19.05.2015 wurde im Amtsblatt der EU die Verordnung 2015/751 verkündet. Neben einer Reduktion von Interbankengebühren für kartengebundene Zahlungsvorgänge (z.B. für Debitkartentransaktionen von Verbrauchern höchstens 0,2 % des Transaktionswerts, vgl. EU-Verordnung 2015/751, Art. 3 Abs. 1) ist damit insbesondere auch das Ziel verbunden, Hindernisse für das reibungslose Funktionieren des Kartenzahlungsmarktes zu beseitigen. Explizit einbezogen wurden auch Transaktionen über mobile Endgeräte (vgl. EU-Verordnung 2015/751, Präambel Nr. 8).

o Mobiles Bezahlen würde im Prinzip den Markteintritt neuer Zahlungsmittelprovider ermöglichen. Nach derzeitigem Kenntnisstand würden allerdings auch Bezahlapplikationen für Smartphones mindestens eine Zertifizierung als Zahlungsdienstleister über die BaFin bedingen. Kleinere Unternehmen mit entsprechenden Programmier- und Vertriebsambitionen dürften daher gezwungen sein, diesem Markt fernzubleiben. Dies gilt allerdings nicht für z.B. kapitalstarke Unternehmen der Telekommunikationsbranche (z.B. Deutsche Telekom).

▪ Acquirer (Vertragspartner von Kartenakzeptanzstellen)

o Acquirer sind Zahlungsdienstleister, die Handelsunternehmen als Vertragspartner akquirieren und mit diesen Verträge zur Akzeptanz und Verarbeitung von bargeldlosen Zahlungsvorgängen abschließen. Gegen entsprechende Gebühren stellen sie den Händlern die Technologie zur Verfügung (u.a. zur Zahlungsautorisierung der Kunden). Der Transfer des

Zahlungsbetrages vom Kunden zum Händler erfolgt über den Issuer, der dafür vom Acquirer einen Teil der Gebühren (sog. Interchange Fee) erhält.

- o Eine Durchführung von Zahlungen mit Kredit- oder Debitkarten ohne Acquirer ist in Deutschland derzeit nicht möglich.

- o Ein erheblicher Teil der Gebühren, die Acquirer den Handelsunternehmen für jeden kartengebundenen Zahlungsvorgang berechnen, ist als Interbankenentgelt an die Issuer abzuführen. Die EU hat die Interbankengebühren nun gedeckelt (vgl. EU-Verordnung 2015/751) mit dem Ziel, dass die von den Händlern zu entrichtenden Gebühren für unbare Transaktionen sinken und dieser Vorteil wiederum Preisreduzierungen ermöglicht und so auch für die Verbraucher vorteilhaft ist. Da Mobile Payment an sich keine „echte" Zahlungsform darstellen muss, sondern mit hoher Wahrscheinlichkeit auf bekannte Systeme aufsetzt, kann sich auch hierfür durch die Deckelung der Gebühren ein positiver Impuls ergeben.

- o Mit zu den größten in Deutschland tätigen Acquirern gehören die B+S Card Service GmbH, die ConCardis GmbH, die Elavon Financial Services Ltd., die First Merchant Solutions GmbH, die Lufthansa AirPlus Servicekarten GmbH, die Deutsche Card Services GmbH, die Intercard AG sowie die Postbank P.O.S Transact GmbH. Die Letztgenannte besitzt zwar auch einen eigenen Netzbetrieb, ist aber als Acquirer auch für alle anderen technischen Netzbetriebe zugelassen, das Kerngeschäft ist also das Acquiring.

- Internet-Payment-Anbieter sowie Internetunternehmen

  o PayPal, der erst im Jahr 2000 gegründete und 2003 von ebay erworbene zwischenzeitliche Marktführer für Internet-Bezahlsysteme, drängt inzwischen auch darauf, in stationären Einkaufsstätten eine führende Rolle als Zahlungsdienstanbieter zu übernehmen und damit das eigene Geschäftsmodell auszuweiten (vgl. Abschnitt 5.3.).

  o Des Weiteren scheinen die amerikanischen Internetgiganten wie Google, Facebook, Amazon & Co. wie Magneten Unternehmen anzuziehen, die sich mit Technologien beschäftigen, die in der Zukunft auch nur den Hauch einer potenziellen Chance bieten. Zwangsläufig werden damit auch Mobile Payment-Lösungen Bestandteil dieser weltumspannenden Technologie-Konglomerate. Es scheint somit nicht mehr die Frage zu klären ob, sondern nur noch wann z.B. Amazon Payments oder die Google Wallet auch am POS mobil verfügbar sein werden. Der Faktor Zeit in Verbindung mit bereits getätigten hohen Ausgaben für Marketing und Entwicklung, dürfte von potenziellen Wettbewerbern nur dann aufgeholt werden können, wenn diese über eine entsprechend nutzbare Marktmacht und eine hohe Kapitalkraft verfügen.

- Mobilfunknetzbetreiber und Telekommunikationsdienstleister

  o Die bekanntesten Akteure im oligopolistisch geprägten Markt für Mobilfunknetze sind die Deutsche Telekom, Vodafone sowie Telefonica/O2/E-Plus. Quasi im Fahrwasser dieser Telekomgiganten haben sich zahlreiche Telekommunikationsdienstleister etabliert (z.B. BASE, Congstar, Debitel u.a.).

o Neben enormen Umsatzpotenzialen könnte die Motivation für einen Einstieg in den Bereich Mobile Payment einerseits eine Differenzierung zum Wettbewerb, andererseits eine Intensivierung der Beziehung zu den Kunden sein, die sich typischerweise alle zwei Jahre im Grundsatz für ein neues Mobilfunkgerät mit einem neuen Mobilfunknetzbetreiber entscheiden können.

o Vorteilhaft für diese Stakeholdergruppe ist, dass sie bereits über umfassende Kenntnisse bezüglich des Übertragens von Daten per Funk, Mobilfunk oder ähnlicher Systeme, dem Handling von hohen Umsätzen, dem Management von Zahlungstransaktionen sowie den Möglichkeiten zum Aufladen von Karten (vgl. Prepaid-Mobilfunkbereich) verfügt. Gerade im Umgang mit einem Secure Element (vgl. Abschnitt 4.1.) und den erforderlichen Softwareentwicklungen sind ein solches Knowhow sowie eine entsprechende Kapitalkraft zum Tragen von Haftungsrisiken essentiell. Weiterhin verfügen Mobilfunknetzbetreiber und Dienstleister im Bereich Telekommunikation bereits über sensible Kundendaten wie Kontozugangsdaten eines Großteils der Bevölkerung sowie die notwendigen Ermächtigungen (SEPA-Mandate) z.B. zum Lastschrifteinzug. Es kann von einem Vertrauensvorschuss von Seiten der Verbraucher ausgegangen werden, so dass eine vergleichsweise unkomplizierte Erweiterung der Nutzung der Mandatierung auch für den Zahlungsverkehr möglich erscheint. Und schließlich gilt diese Stakeholdergruppe auch als Pionier für das Bezahlen mit dem Mobiltelefon. Bereits vor mehr als zwei Jahrzehnten konnten beispielsweise mobil downgeloadete Klingeltöne über die Telefonrechnung bezahlt werden.

- o So überrascht es nicht, dass die weit überwiegende Mehrheit der auf dem deutschen Markt tätigen Kommunikationsunternehmen immer wieder in Projekte involviert sind, die sich mit mobilen oder kontaktlosen Bezahlmöglichkeiten beschäftigen. Gemeinsam ist diesen Projekten, dass diese auf Prinzipien der herkömmlichen Kartenzahlung (und hier meist Kreditkartenzahlung) basieren und damit auch auf dieses Gebührenmodell aufsetzen. Diesen Ansätzen dürfte aufgrund der damit verbundenen höheren Gebühren für den Handel nur wenig Aussicht auf Erfolg eingeräumt werden können. Exemplarisch angeführt an dieser Stelle wird die Deutsche Telekom, die mit ihrem Projekt MyWallet einen bislang als gescheitert einzustufenden Ansatz für eine ganzheitliche Brieftasche versuchte (vgl. Abschnitt 5.2.).

- Smartphone-Hersteller

  - o Abgesehen von Fernsehgeräten erreicht in Deutschland wohl kaum ein anderes Gebrauchsgut die Marktdurchdringungsrate von Mobiltelefonen. Gemäß Angaben des Statistischen Bundesamtes (2015, S. 172) besaßen per 01.01.2014 lediglich 6,4 % aller privaten Haushalte in Deutschland weder ein Handy, noch ein Smartphone. Im Durchschnitt war Anfang 2014 jeder private Haushalt mit 1,75 Handys oder Smartphones ausgestattet. Es ist davon auszugehen, dass der Anteil von Smartphones den von herkömmlichen Handys seit 2014 übertrifft und weiter deutlich wachsen wird.

- Entgegen landläufiger Meinung hat Apple zwar das Smartphone nicht erfunden (dies wird eher IBM mit dem 1992er Modell „Simon" zugeschrieben), aber zumindest diesen Markt ab 2007 mit einer umfassender nutzbaren Variante (iPhone) erheblich geprägt und zu einem enormen Wachstum beigetragen (vgl. Steimels 2012). In der Produktsegmentberichterstattung für sein am 26.09.2015 abgeschlossenes Geschäftsjahr weist Apple eine globale Absatzmenge an iPhones in Höhe von 231,2 Mio. Stück aus. Gegenüber dem am 27.09.2014 abgeschlossenen Vorjahresgeschäftsjahr mit 169,2 Mio. verkauften Stück entspricht dies einer wiederholt sehr hohen Steigerungsrate, dieses Mal in Höhe von 37 % (vgl. Apple Inc. 2015, S. 24). Aktueller Weltmarktführer auch nach eigenen Angaben ist derzeit Samsung („No. 1 in the world across all mobile and smartphone markets", Samsung 2015b, S. 17). Konkrete Absatzmengen werden jedoch in Geschäftsunterlagen nicht angeführt. Bezüglich des Marktanteils ergeben sich auch unternehmensintern Widersprüche. In dem vorliegenden Profilbericht für das Jahr 2014 hat Samsung einen Smartphone-Marktanteil in Höhe von 32,3 % angegeben (vgl. Samsung 2015a, S. 11). Im Geschäftsbericht für das Jahr 2014 findet sich lediglich ein Marktanteil von 24,7 % (vgl. Samsung 2015b, S. 18).

- Eine gerätetechnische Erweiterung von nahezu allen Mobiltelefonherstellern in jüngerer Vergangenheit hat eventuell eine zentrale Erfolgsbarriere für Mobile Payment beseitigt. Es gibt kaum noch Smartphones, die prinzipiell nicht NFC-fähig sind. Selbst Apple stattet seine Premiummodelle inzwischen mit NFC-Chips aus, wenngleich die Nutzung wohl vorerst auf den eigenen Bezahldienst Apple Pay beschränkt bleibt (vgl. Becker 2015). Unabhängig davon, ob und welcher

Transaktionsweg für Mobile Payment letztlich am POS für am geeignetsten befunden wird (NFC sowie QR-Codes sind die beiden favorisierten Technologien, vgl. Abschnitt 4.2.), kann nunmehr davon ausgegangen werden, dass ein Großteil der Verbraucher bereits für einen Praxiseinsatz gerüstet wäre und sich keine zusätzliche Ausstattung anschaffen müsste. Die Situation ist insgesamt vergleichbar mit der serienmäßigen Ausstattung von Mobiltelefonen mit Kameras vor mehr als einem Jahrzehnt.

- o Auch für die kapitalstarken Smartphone-Hersteller ist es naheliegend, ebenfalls in den Markt für mobile Bezahllösungen einzusteigen und so mit einer ähnlichen Argumentation wie bei Mobilfunknetzbetreibern die Bindung zu den typischerweise alle zwei Jahre im Grundsatz wechselbereiten Kunden zu stärken. Die so bereits durch herstellereigene Musik- und Applikations-Stores sowie Cloud-Applikationen forcierte Markenbindung der Kunden könnte so weiter gefestigt werden. Als konkretes Beispiel wurde bereits Apple Pay (vgl. Abschnitt 5.3.) angeführt.

- Stationäre Händler sowie Verbraucher

  - o Zur Argumentation bezüglich der Motivation für bare und unbare Zahlungsweisen dieser beiden Stakeholdergruppen wird insbesondere auf den Abschnitt 2.3. verwiesen.

  - o Ergänzend wird zum besseren Verständnis der Dimension finanzieller Auswirkungen, wenn im Zuge der Akzeptanz neuer Zahlungsinstrumente Anpassungen bei den bestehenden Kassensystemen erforderlich werden würden, an dieser Stelle angeführt, dass es Ende 2014 in Deutschland in den stationären Einkaufsstätten insgesamt 881.180 Zahlungsterminals gab (vgl. Deutsche Bundesbank 2015d, Tab. 5).

- o Dass auch Handelsunternehmen eine Initiative zur Implementierung von Mobile Payment-Lösungen starten können und nicht abwarten müssen, bis andere Stakeholdergruppen wie insbesondere Kreditinstitute tätig werden, zeigen die Bezahlapplikationen von Netto und Edeka, die im Übrigen auch Zusatzleistungen wie Gutscheine etc. einbeziehen. Bedenken und Vorurteile, dass händlereigene Lösungen (sog. Closed Loops) nicht erfolgreich sein können (vgl. EHI Retail Institute 2015, S. 20), werden damit zumindest nicht unmittelbar bestätigt. Für eine flächendeckende Marktetablierung von Mobile Payment sind diese sog. Insellösungen jedoch zu anwendungsbegrenzt.

- Forderungsdienstleister

- o Inkassounternehmen wie beispielsweise H.I.T., atriga oder Bonitätsprüfungsdienstleister wie z.B. Creditreform Boniversum könnten auch im Bereich Mobile Payment in ihrer Bedeutung gestärkt werden, sofern entsprechende Zahlungen eher auf Lastschriftverfahren und weniger auf Kreditkartenzahlungen beruhen.

- o Gerade bei der Eintreibung zahlungsgestörter Forderungen sind diese Unternehmen durch Ihre Kernkompetenzen zum einen in der Lage, diese Forderungen beizutreiben. Zum anderen haben sie, wie im Falle von Auskunftsdiensten, die Möglichkeit, Vorsteuerungen in kombinierten Lastschrift-/Girocard-

Verfahren gezielter vorzunehmen und ihre eigenen Datenbestände weiter auszubauen. Basierend auf entsprechenden Abfragen könnte beispielsweise das akzeptierte Zahlungsmittel geändert werden oder ein Switch auf eine erforderliche PIN-Eingabe erfolgen.

- Staat, Gesellschaft sowie Standardisierungsgremien

  o Fiskalpolitische Argumente zur Eindämmung der sog. Schwarzarbeit sowie des sog. Schwarzgeldbesitzes bzw. von sog. Geldwäsche legen die Vermutung nahe, dass die Politik ein Interesse an der zunehmenden Verbreitung von bargeldlosen Zahlungsinstrumenten im Allgemeinen sowie Mobile Payment im Besonderen hat.

  Beispiel: Eine von mehreren Voraussetzungen für die Inanspruchnahme einer Steuerermäßigung für haushaltsnahe Dienstleistungen gemäß § 35a Abs. 5 S. 3 EStG (Stand 21.12.2015) ist, dass „die Zahlung auf das Konto des Erbringers der Leistung erfolgt".

  o Weiterhin ist davon auszugehen, dass auch die Bekämpfung von Korruption, Terrorismus (vgl. Anschläge von Paris am 13.11.2015 durch Anhänger des sog. Islamischen Staates) und sonstigen strafbaren Handlungen besser gelingen würde, wenn Zahlungsströme nachvollziehbar wären, was wiederum lediglich bei bargeldlosen Transaktionen möglich ist.

  o Verbraucherschutzorganisationen werden insbesondere kritisch prüfen, inwiefern bei mobilen Zahlungstransaktionen die Datensicherheit gewährleistet ist und gegebenenfalls medienwirksam intervenieren. Ein damit eventuell verbundener sog. Shitstorm könnte eine

Marktetablierung von Mobile Payment blockieren und sollte daher zwingend vermieden werden.

o Von den zuständigen Standardisierungsgremien wie beispielsweise EMVCo, European Payments Council (EPC), European Telecommunications Standards Institute (ETSI), Global Platform, GSM Association (GSMA), ISO, Mobey Forum, NFC-Forum, OpenMobile Alliance oder Privacy Impact Assessment (PIA) werden Standards und Regularien im Zuge der möglichen Etablierung von Mobile Payment bereits überprüft und möglichst vereinheitlicht. Eine Marktetablierung könnte vor allem auch an einer mangelnden Einigkeit dieser Stakeholdergruppe scheitern.

3.2. Erfolgsbedingungen aus bipolarer Perspektive

Studienergebnisse wie beispielsweise die von Mosig (2012, S. 76ff.) zeigen, dass es zentrale Erfolgsfaktoren (KPIs) gibt, die Kunden sowie stationäre Handelsunternehmen veranlassen können, eine Mobile Payment-Lösung nicht nur zu akzeptieren, sondern auch aktiv anzuwenden. In Anlehnung an Mosig (2012, S. 76ff.), bei dem Sicherheit, Handhabung sowie Preis der Transaktion die höchsten Importance-Werte und einfaches sowie schnelles Zahlen zusammen mit Rabatten die höchsten Treiberstärkenwerte erreichten, werden nachfolgend die für eine erfolgreiche Marktetablierung einer Mobil Payment-Lösung wohl zwingend zu erfüllenden Voraussetzungen („conditio sine qua non") herausgearbeitet.

- Die Transaktionsgeschwindigkeit muss schnell sein, d.h. der Bezahlvorgang sollte im Durchschnitt nicht langsamer abgeschlossen werden als beispielsweise bei Barzahlung oder bei Zahlung mit girocard. Bei neuen, damit ungewohnten und tendenziell zunächst langsameren Zahlungsweisen sollte die Nutzung möglichst intuitiv erfolgen, um beim Kassenpersonal und beim Kunden zügig Lerneffekte zu realisieren.

- Der Komplexitätsgrad muss gering sein, d.h. der Bezahlvorgang sollte analog dem zentralen Smartphone-Erfolgsfaktor idealerweise selbst erklärend für den Kunden sowie das Kassenbedienpersonal durchgeführt werden können. Nur so können Akzeptanz und Bekanntheitsgrad durch Multiplikator-Effekte (Viral Marketing) zügig gesteigert werden.

- Die Transaktionssicherheit muss gewährleistet sein, d.h. der Kunde muss davon ausgehen können, dass seine zahlungsbezogen übermittelten Daten im Grundsatz vor dem Zugriff durch Unbefugte geschützt sind (Vertraulichkeit) und weder manipuliert, noch für sonstige Zwecke missbraucht werden können (Integrität). Der Händler wiederum muss von einer Authentizität des Kunden ausgehen können, d.h. andere Personen sollten sich nicht dessen Identität aneignen können. Insgesamt sollte eine autorisiert getätigte Transaktion für beide Vertragsparteien (Käufer und Verkäufer) verbindlich sein und nicht abgestritten werden können.

- Die entstehenden Transaktionsgebühren sollten höchstens dem bisherigen Niveau entsprechen. Für den Kunden sind Mobile Payment-Lösungen somit mindestens gebührenfrei anzubieten, gegebenenfalls erhält der Kunde sogar zusätzliche Vorteile, vgl. nachfolgende Ausführungen. Für den Händler sollte sich ebenfalls ein quantifizierbarer Nutzen ergeben, z.B. durch eine Reduktion der Kosten für das Personal oder für die Bargeldlogistik. Eine Einbindung in die bestehende POS-IT-Systemlandschaft sollte ohne zusätzliche Investitionen allein für diesen Zweck (Mobile Payment) möglich sein.

Neben den Mindestbedingungen können die folgenden weiteren Faktoren über Erfolg oder Misserfolg von Mobile Payment entscheiden:

- Für Kunden, die Mobile Payment nutzen, sollten quasi als Gegenleistung für ihr „Early Adopting" (frühzeitige Anwendung) und das auf sich genommene, latente Sicherheitsrisiko nicht nur keine Transaktionsgebühren entstehen, sondern sich sogar konkrete Vorteile durch beispielsweise Rabatte, Gutscheine, Bonuspunkte, spezielle (lokale) Angebote, Preisvergleiche, Produktinformationen oder ein automatisch generiertes, personalisiertes Haushaltsbuch ergeben (vgl. Kleine et al. 2012, S. 3).

- Eine händlerübergreifende Funktionalität möglichst einer einzigen, standardisierten mobilen Bezahllösung würde die Anwendungsakzeptanz bestärken.

- Gerade in anfänglichen Umstellungsphasen können sich unter anderem technische Herausforderungen ergeben, die beispielsweise mittels eigener Check-Out-Lösungen für Mobile Payment-Kunden in einer Übergangsphase zumindest den sonstigen Regelbetrieb nicht beeinträchtigen sollten.

- Die Kundenbindung wird über direkte Kontaktaufnahmen und Dialoge über das Mobiltelefon gestärkt. Durch die so geschaffene Möglichkeit zur Interaktion besteht die Möglichkeit für die Kunden, Feedback zu geben und Empfehlungen auszusprechen.

- Die Identifikation mit einer Einkaufsstätte im Allgemeinen sowie einer Mobile Payment-Lösung im Besonderen dürfte dann am höchsten sein, wenn es gelingt, beim Kunden einen unverwechselbar positiven Eindruck zu hinterlassen, beispielsweise durch entsprechende Erlebnismehrwerte beim Bezahlvorgang. Pekuniäre Anreize entfalten im Rahmen einer dauerhaften Kundenbindung demgegenüber eher lediglich kurzfristig wirkende Effekte.

- Sofern Kunden im Grunde auf die Mitnahme einer Geldbörse verzichten könnten, ergäbe sich für diese ein erkennbarer weiterer Nutzen.

- Weil die Mehrheit der Kunden wohl Interesse lediglich an technischen Neuerungen hat, die auch bekannt sind und Händler wiederum mehrheitlich nur etwas implementieren, an dem die Kunden offensichtlich auch Interesse haben, ergibt sich für die Einführung von Mobile Payment-Lösungen die sog. Henne-Ei-Problematik, die es zu lösen gilt.

Studienergebnis: Gemäß ibi research (2015a, S. 12) ist ein starkes Kundeninteresse für 74 % der Händler sehr wichtig (höchste Ausprägungsstufe) und damit die zentrale Voraussetzung (alle übrigen Aspekte sind geringer bewertet) für die Einführung neuer Zahlungsverfahren. Immerhin 24 % der Händler wurden von ihren Kunden bereits auf eine kontaktlose Bezahlmöglichkeit mit Karte oder Mobiltelefon angesprochen (vgl. ibi research 2015a, S. 13). Welcher Anteil von diesen 24 % auf das Mobiltelefon entfällt und wie viele letztlich tatsächlich und in welchem Umfang mit ihrem Smartphone bezahlen würden, ist ungewiss. Die Zahl 24 % findet sich interessanter Weise auch in der Studie der Deutschen Bundesbank zum Zahlungsverhalten in Deutschland 2014, ohne dass hier ein unmittelbarer Zusammenhang besteht. Dort gaben 24 % der Befragten an, dass „die mangelnden Einsatzmöglichkeiten ausschlaggebend für die Nichtnutzung [von innovativen Bezahlverfahren] seien" (Deutsche Bundesbank 2015b, S. 56).

- Insbesondere Konsumenten, die Budgetbeschränkungen unterliegen, überwachen ihre Liquidität durch die Nutzung von Bargeld. Auch hier gilt für eine erfolgreiche Einführung von alternativen mobilen Bezahlformen der Grundsatz der anzustrebenden Einfachheit. Da zu vermuten ist, dass die Haptik beim Blick in die Geldbörse eine nur untergeordnete Rolle spielt, sollten Anbieter mobiler Bezahllösungen eine einfach visualisierbare Übersicht über Ausgaben und Einnahmen anstreben bzw. eine einfache und gut erfassbare Budgetkontrolle implementieren. Auch die digitale Armbanduhr konnte nach einem Hype in den 1970er Jahren die analogen Zifferblätter nicht verdrängen. Eine Sonderform ist die digitale Anzeige eines Zifferblattes auf Uhren – eine lesbare, begreifbare und Übersicht schaffende Anzeige, umgesetzt mit neuer Technik. Hier sollten Programmierer auch bei der Zahlungs- und Budgetübersicht ansetzen.

4. Transaktionswege und Sicherheitsstandards

4.1. Standards und Regularien im Zahlungsverkehr

Der Einsatz von Zahlungsinstrumenten jeder Art bedingt zwangsläufig auch systemimmanente Risiken wie Diebstahl, Datenabgriff (Skimming) oder sonstigen Missbrauch.

Gemäß einer Untersuchung der Europäischen Zentralbank (2015c, S. 2 und 8), in die 23 Kartenorganisationen (Card Payment Schemes) wie z.B. MasterCard Europe, Visa Europe oder auch girocard einbezogen wurden, betrug der weltweit generierte Schaden durch im Euro-Zahlungsraum (SEPA) ausgegebene Karten im Jahr 2013 etwa 1,44 Mrd. Euro (bei ca. 11,29 Mio. Betrugsfällen). Die zunächst sehr hoch anmutende Wachstumsrate von 8 % gegenüber dem Vorjahreswert wird bei einer Bezugnahme zum gesamten Transaktionsvolumen zu einer statistisch kaum signifikanten Rundungsdifferenz relativiert. Gegenüber 2012 ist der Schaden durch Kartenbetrug nämlich lediglich von 0,038 % auf 0,039 % des getätigten Umsatzes und damit um 0,001 Prozentpunkte angestiegen.

Viele der sicherheits- und prozessrelevanten Abläufe, Verfahren und Standards im Zahlungsverkehr haben unmittelbaren Einfluss auf die letztlichen Erfolgschancen von Mobile Payment (vgl. Abschnitt 3.2.). Bei der Entwicklung von Umsetzungsmodellen (vgl. Abschnitt 6.1.) ist dies zu berücksichtigen. Eine vollständige Betrachtung der Vielzahl an Regularien in dieser Arbeit würde den vorhandenen Rahmen ebenso übersteigen wie bei einer zu starken Detaillierung von technischen Spezifikationen. Zumal Regularien aufgrund von Anregungen aus der Kreditwirtschaft, von Behörden oder von Verbraucherschützern fortwährend an neue Rahmenbedingungen, unter anderem zur Verbesserung der Datensicherheit, angepasst werden.

Nachfolgend werden daher lediglich auszugsweise wichtige Bausteine und Aspekte herausgearbeitet.

- PCI-DSS sowie PA-DSS

    Der Payment Card Industry Data Security Standard (PCI-DSS) verbessert die Sicherheit von Karteninhaberdaten bei globaler Gültigkeit. Ein Überblick der Inhalte der aktuellsten Version 3.0 vom November 2013 ist in der Abbildung 9 dargestellt (vgl. Payment Card Industry 2013a, S. 5). Der PCI-DSS gilt für alle an der Verarbeitung von Bezahlkarten beteiligten „Einheiten" (Händler, Provider, Router, Acquirer, abrechnende Stellen, Emittenten und Dienstleister sowie Stellen, die Karteninhaberdaten oder vertrauliche Authentifizierungsdaten speichern, verarbeiten oder weitergeben) und für alle Transaktionen, gleich ob chip- oder magnetstreifengestützt.

Abbildung 9

Überblick über den PCI-Datensicherheitsstandard

Erstellung und Wartung sicherer Netzwerke und Systeme	1. Installation und Aufrechterhaltung einer Firewall-Konfiguration zum Schutz von Karteninhaberdaten
	2. Keine vom Anbieter gelieferten Standardeinstellungen für Systemkennwörter und andere Sicherheitsparameter verwenden
Schutz von Karteninhaberdaten	3. Schutz gespeicherter Karteninhaberdaten
	4. Verschlüsselung bei der Übertragung von Karteninhaberdaten über offene, öffentliche Netze
Unterhaltung eines Anfälligkeits-Managementprogramms	5. Verwendung und regelmäßige Aktualisierung von Antivirensoftware
	6. Entwicklung und Wartung sicherer Systeme und Anwendungen
Implementierung starker Zugriffskontrollmaßnahmen	7. Beschränkung des Zugriffs auf Karteninhaberdaten je nach Geschäftsinformationsbedarf
	8. Identifizierung und Authentifizierung des Zugriffs auf Systemkomponenten
	9. Physischen Zugriff auf Karteninhaberdaten beschränken
Regelmäßige Überwachung und regelmäßiges Testen von Netzwerken	10. Verfolgung und Überwachung des gesamten Zugriffs auf Netzwerkressourcen und Karteninhaberdaten
	11. Regelmäßiges Testen der Sicherheitssysteme und -prozesse
Befolgung einer Informationssicherheitsrichtlinie	12. Verwaltung einer Informationssicherheitsrichtlinie für das gesamte Personal

Quelle: Payment Card Industry (2013a), S. 5

Die PCI-DSS-Anforderungen gelten insbesondere auch, wenn „drahtlose Technologie zum Speichern, Verarbeiten oder Weitergeben von Karteninhaberdaten (z. B. Point-Of-Sale-

Transaktionen [.]) verwendet wird" (Payment Card Industry 2013a, S. 11). Während die Erfüllung der anderen Punkte bereits hinreichend herausfordernd erscheint, erhöht der Punkt 9 nochmals den Schwierigkeitsgrad der Umsetzung, weil der physische Zugriff auf Datenübertragungskomponenten bzw. den Chip verhindert werden muss.

Der Payment Application Data Security Standard (PA-DSS), ebenfalls in der aktuellsten Version 3.0 vom November 2013, ist aus dem von der Visa Inc. geführten Programm „Payment Application Best Practices" (PABP) hervorgegangen und soll insbesondere Softwareanbieter bei der Entwicklung von sicheren Zahlungsanwendungen, bei denen insbesondere keine verbotenen Daten gespeichert werden, unterstützen (vgl. Payment Card Industry 2013b).

Eine Prüfung, inwieweit Applikationen und Smartphones in Abhängigkeit einer gewählten Mobile Payment-Lösung nach PCI-DSS, unter Berücksichtigung der PA-DSS, zertifiziert werden müssten und welche Kosten damit verbunden wären, ist zu empfehlen. Als Zwischenergebnis ist festzuhalten, dass eine mobile Zahlungslösung wohl auf die Übertragung vertraulicher Daten verzichten sollte.

- Magnetstreifen

Die zu Beginn des sog. Kartenzeitalters von den Banken ausgegebenen Eurocheque-Karten waren aus technischen Gründen mit einem Magnetstreifen ausgestattet, auf dem die Bankdaten des Kunden gespeichert waren. Der Magnetstreifen wurde durch das Kartenterminal am Kassenplatz ausgelesen. Dieses erstellte daraus, zusammen mit den Daten des Empfängers (inklusive dem Zahlbetrag) eine Datei, die über das Netzwerk des technischen Netzbetreibers an diesen weitergereicht wurde. Dieser führte eine Autorisierung mit dem zuständigen Acquirer durch und meldete an das Kassensystem den Erfolg oder Misserfolg der Prüfung zurück.

Aufgrund der Magnetisierung ergibt sich bei dieser Methode ein sehr hoher Sicherheitsnachteil. Die auf einem Magnetstreifen gespeicherten Daten lassen sich durch mechanischen Druck in eine Art Negativ auf einen zweiten Magnetstreifen übertragen. Wiederholt man mit diesem Negativ die Methode, so erhält man ein Duplikat des ursprünglichen Magnetstreifens. Selbst für den Fall, dass diese Methode nicht angewendet wird, birgt die einfache Möglichkeit, den Magnetstreifen Bit für Bit auszulesen und mit Hilfe dieser Daten anschließend einen neuen Magnetstreifen zu beschreiben, ein sehr hohes sog. Skimming-Risiko, also das Risiko, mittels Manipulationen z.B. an Geldausgabeautomaten diese Daten auszulesen und auch die PIN „abzugreifen". Es war daher naheliegend, den Magnetstreifen mit dem Auftreten technischer Alternativen als Datenträger abzulösen.

Darüber hinaus wäre auch die Speicherkapazität eines Magnetstreifens nur noch eingeschränkt geeignet zur Deckung der heutigen Anforderungen von Handelsunternehmen, wie beispielsweise die Speicherung von detaillierten Informationen zu Kunden im Rahmen von Bonusprogrammen und bei der Durchführung von Lastschriftverfahren.

- Chip

Die Nachteile des Magnetstreifens lieferten die Begründung, der rasche technische Fortschritt in der Entwicklung kleinster Schaltkreise und Speicher die notwendige technische Basis für die Umstellung auf die Ausstattung von Bezahlkarten mit einem Chip. Dieser ähnelt demjenigen, der sich auf SIM-Karten (Subscriber Identity Module für GSM-Netze) bzw. UIC-Cards

(Universal Integrated Circuit Card für UMTS-Netze) in Mobiltelefonen befindet.

Der Chip selbst besitzt einen Prozessor, der mit einer Gegenstelle (hier dem Zahlungsterminal) kommuniziert. Eine Authentifizierung und Verifikation des Karteninhabers ist über diese Kommunikation auch Offline möglich, d.h. ein Einsatz ist auch ohne Online-Zugang bzw. bei Beschränkungen des Datenverkehrs zu z.B. Stoßzeiten möglich. Die Speicherkapazität beträgt ein Vielfaches von dem eines Magnetstreifens. Damit ist der Chip in der Lage, mehr als eine Bezahlvariante oder zusätzliche Anwendungen (z.B. Loyalty- bzw. Kundenbindungsprogramme) zu speichern und abrufbar zu machen.

Weil die Daten auf dem Chip kryptisch verschlüsselt gespeichert und so von diesem kommuniziert werden, bedarf es eines im Vergleich mit dem Magnetstreifen deutlich höheren technischen Aufwandes zur Dekodierung bzw. zur Erstellung einer Kopie. Die Entschlüsselungsalgorithmen ergeben sich während der Kommunikation des Chips mit dem Terminal, also in einer zertifizierten Sicherheitsumgebung.

Einer von wenigen, aber aufgrund der oben dargestellten Argumentation durchaus ein signifikanter Nachteil bei der Zahlungsabwicklung mittels eines Chips besteht darin, dass sich aufgrund der angesprochenen Komplexität im Zuge der Kommunikation mit dem Chip eine Verlangsamung des Zahlungsvorganges ergibt. Die Geschwindigkeit der Kommunikation ist dabei erheblich abhängig von der Generation sowohl des auf der Karte angebrachten Chips, als auch von der Prozessorgeneration des jeweiligen Kartenterminals.

- EMV-Chip

  Die Abkürzung EMV steht für die drei Gesellschaften (Europay International, heute MasterCard Europe, MasterCard und VISA), die diesen Sicherheitsstandard zur Kommunikation zwischen den intelligenten Gegenstellen Prozessorchip einer Debitkarte und dem Terminal beim Bezahl- bzw. Abhebevorgang (am Geldautomaten) entwickelt haben. Wird ein EMV-Chip in ein Mobiltelefon integriert, spricht man von einem sog. Secure Element (vgl. spätere Ausführungen in diesem Abschnitt). Sensible Daten des Nutzers sind darauf kommunikationsfähig abgelegt, wenngleich der Datenverkehr mit Einführung von EMV bereits deutlich eingeschränkt wurde. Ein Datenweitergabebruch bezüglich sensibler Daten könnte und sollte schon aus Sicherheitsaspekten Basisbestandteil von mobilen Bezahlapplikationen sein. Der Unterschied von der kartenbasierten Zahlung am Terminal durch Stecken der Karte und der Kommunikation mit der Gegenstelle auf Entfernung („contactless") stellt hier den entscheidenden Unterschied dar, da sich die Karte im Terminal in einer PCI-DSS zertifizierten Umgebung befindet.

- TA 7.0/7.1

  Der Technische Anhang (TA) 7.0 der Deutschen Kreditwirtschaft integrierte die neuen EMV-Standards. Neben einer Ablagemöglichkeit von weiteren Diensten auf dem Chip wurden sog. maskierte Kundenbelege eingeführt. Der TA 7.0 dürfte sich auf das mobile Zahlen auswirken, sofern eine Umsetzung als girocard-Verfahren am POS angestrebt wird. Eventuelle PIN-Eingaben würden dazu führen, dass gerade die Zeitvorteile kontaktlosen Bezahlens verloren gingen. Ob und wie ein SEPA Instant Payment davon betroffen sein kann, ist weiter zu diskutieren.

Mit der Einführung des TA 7.1 der Deutschen Kreditwirtschaft wird unter anderem die Ablösung der Verarbeitung des Magnetstreifens im Notfall, d.h. bei einem nicht operablen Electronic Cash-System, umgesetzt. Seit dem 30.06.2015 dürfen Neuinstallationen, d.h. das Anlegen einer neuen Terminal-ID im System von EC Cash Direkt, nur noch unter Beachtung dieser Richtlinie und damit eines TA 7.1-Softwarestands vorgenommen werden (vgl. EC Cash Direkt 2015).

Tipp: Eine Übersicht der per 02.11.2015 Typ-zugelassenen POS-Terminals (EMV Debit/Credit) findet sich bei Deutsche Kreditwirtschaft (2015b).

- Secure Element

Das Kernelement zur Gewährleistung von Sicherheit im Kontext von Mobile Payment wird als sog. Secure Element bezeichnet. „Dabei handelt es sich um eine technische Komponente des Mobiltelefons, die die sichere Ablage vertraulicher Informationen wie Sicherheitsschlüsseln und persönlichen Bankdaten des Anwenders ermöglichen" (Fundinger 2012, S. 230). Das EMV-Konsortium beschäftigt sich seit den ersten getätigten Zahlungen mit Mobiltelefonen mit der Sicherheit auch bei dieser Bezahlform. Für mobile Zahlungen wird generell gefordert, die Kommunikation kurz zu halten und z.B. nur ohne Chip Online-Transaktionen durchzuführen.

In der Praxis bleibt jedoch die Frage offen, wie und (eventuell wohl noch wichtiger) von wem die Daten in ein Secure Element bzw. in das mobile Endgerät implementiert werden? Trotz der nahezu unmöglichen Lesbarkeit für unautorisierte Dritte bleibt wichtig, wer Zugriff auf die Rohdaten besitzt. Monopolisierungstendenzen und Einschränkungen der Verbraucherfreiheit (z.B. bei einer Quasi-Zwangsbindung an den Telekommunikationsdienstanbieter oder den

Mobiltelefonhersteller durch die Hausbank oder bei einem Zugriff der Mobiltelefonhersteller auf das Secure Element) wären im Falle einer solchen Lösung prinzipiell absehbar. Es würde ein signifikanter Eingriff in die Privatsphäre der Konsumenten erfolgen. Darüber hinaus würden Datenströme von Endgerät und Applikation ausgelöst, die für den Einzelnen weder kontrollierbar, noch nachvollziehbar wären. Während die Entfernung zwischen Terminal und Karte bzw. Netzbetreiber zumindest gefühlt noch ausreichend distanziert erschien, könnte sich dies ändern, wenn die Datenströme vom oder ans eigene Smartphone stattfinden. Ein auf diese Weise generiertes Gefühl latenten Unbehagens kann einer Einführung mobiler Zahlungen ebenso entgegenstehen wie eventuelle Ressentiments gegenüber den letztlichen Verfügungsberechtigten bzw. Eignern des Secure Elements.

Nachfolgende Optionen für das Secure Element sind prinzipiell als Basis für die Durchführung einer mobilen Zahlungstransaktion möglich. Die in diesem Zusammenhang aufgrund ihrer höheren Bekanntheit gewählte Bezeichnung SIM-Karte (für GSM-Netze) könnte auch ersetzt werden durch UIC-Cards (für UMTS-Netze).

- o Zahlungsdienstleister könnten die Konto- bzw. Kartendaten poolen und diese auf der SIM- oder einer Zusatzkarte speichern. Dazu benötigen Sie jedoch das Mobiltelefon, welches geöffnet werden müsste (vgl. PCI-DSS für sichere Hardwareumgebungen) und das Vertrauen der Verbraucher, die Daten zu speichern.
- o Banken könnten die Secure Elemente ausgeben. Die Problematik ist analog zur Hardwareproblematik bei Zahlungsdienstleistern, der Kunde müsste das Telefon gegebenenfalls öffnen (können).
- o Mobiltelefone könnten bereits in die CPU integrierte Secure Elemente enthalten, während Banken oder

Systemlieferanten offline oder online Dienste sowie Daten hinzufügen. Auch dafür wird das gesamte Mobiltelefon in einer PCI-DSS zertifizierten Umgebung zur Übertragung benötigt, zu der der Kunde keinen Zugang und Blick haben darf.

- o Kunden könnten ihre SIM-Karten bei der kartenausgebenden Bank abgeben und sich Zahlungsinformationen auf den Chip „brennen" lassen. Dies hätte zur Folge, dass die SIM-Karte, die dann das Secure Element darstellt, ein leicht herausnehmbarer Bestandteil des Telefons wäre.
- o Telekommunikationsdienstleister könnten auch Zahlungsdienstleister werden und in einem Co-Branding Zahlkartenfunktionen oder andere Abrechnungssysteme für die Nutzer der SIM-Karten anbieten.
- o Banken könnten SIM-Karten mit einer Zahlungsfunktion anbieten.
- o Das Secure Element könnte auch als separates Gerät, z.B. in Form eines Tokens (vgl. Autoschlüssel) bereitgestellt werden. Nutzer müssten neben der Brieftasche, diversen Schlüsseln und dem Mobiltelefon dann allerdings einen weiteren Gegenstand bei sich tragen. Ob Nutzer dies akzeptieren würden, erscheint fraglich.

- ▪ Internationaler Rechts- sowie Normierungsrahmen

Ergänzend zu den bisherigen Ausführungen werden weitere Richtlinien, Verordnungen sowie Normierungsorganisationen erwähnt als Basis für eigene, vertiefende Recherchen bei Interesse:

- o Europäisches Parlament und Rat der Europäischen Union (EU) sowie (bis 2009) Europäische Gemeinschaft (EG)
  - o 2007/64/EG: EG-Richtlinie vom 13.11.2007 über Zahlungsdienste im Binnenmarkt (Änderung der

Richtlinien 97/7/EG, 2002/65/EG, 2005/60/EG und 2006/48/EG sowie Aufhebung der Richtlinie 97/5/EG).

- o 924/2009: EG-Verordnung vom 16.09.2009 über grenzüberschreitende Zahlungen in der Gemeinschaft (Aufhebung der EG-Verordnung Nr. 2560/2001).
- o 260/2012: EU-Verordnung vom 14.03.2012 zur Festlegung der technischen Vorschriften und der Geschäftsanforderungen für Überweisungen und Lastschriften in Euro (SEPA) und zur Änderung der EG-Verordnung Nr. 924/2009.
- o International Organization for Standardization (ISO)
  - o ISO 7810: Internationaler Standard zur Spezifikation der wichtigsten physikalischen Eigenschaften von Identifikationskarten.
  - o ISO 7816: Internationaler Standard in 15 Teilen zur Vereinheitlichung von wesentlichen Merkmalen von Chipkarten.
- o ECMA: Internationale Organisation zur Normung von Informations- und Kommunikationssystemen (ICT) sowie von Unterhaltungselektronik (CE)
- o ETSI: Europäisches Institut für die Normung im Bereich Telekommunikation. Zusammen mit dem Europäischen Komitee für elektrotechnische Normung (CENELEC) und dem Europäischen Komitee für Normung (CEN) bildet ETSI das europäische System für technische Normen.
- o IEC: Internationale Organisation zur Normung im Bereich der Elektrotechnik und Elektronik.

4.2. Transaktionswege für ein mobiles Bezahlen

Aufgrund etlicher technischer Innovationen in den ersten beiden Jahrzehnten dieses dritten Jahrtausends, existiert bereits eine hohe Anzahl an Varianten, mit denen Daten von mobilen Endgeräten übertragen und damit unter anderem auch Zahlungen veranlasst werden können.

Eine der obersten Handlungsprämissen im Umfeld mobiler Bezahllösungen ist die Gewährleistung der Transaktionssicherheit (vgl. Abschnitt 3.2 sowie exemplarisch für zahlreiche, weitgehend identische Studienergebnisse Mosig 2012, S. 88).

Nachfolgend werden die wohl relevantesten Verfahren zur mobilen Datenübertragung mit der Zielsetzung geprüft, eine insgesamt unter Abwägung gegenwärtig bekannter Aspekte bestmögliche Lösung zu identifizieren. Auch hierbei rücken technische Spezifikationen zu Gunsten praxiseinsatzbezogener Überlegungen in den Hintergrund.

- Bluetooth

  Die offene Funkverbindung im 2,4 Gigahertz-Band kann gemäß Spezifikation über einen gegenseitigen Austausch von Codes eine Basissicherheit gewährleisten. Verschlüsselungen sind standardmäßig jedoch meist abgeschaltet und die fehlende Abhörsicherheit wird ebenfalls als Nachteil angesehen. Eine PCI-Konformität ist nicht gegeben. Der Kunde müsste manuell für Sicherheit sorgen, wovon häufig nicht auszugehen sein dürfte. Die Handhabung der Zahlbelege durch den Nutzer hat im Rahmen der TA 7.0 bereits zur Datenmaskierung auf den Kundenbelegen geführt (einige Zahlen werden als „XXXX" dargestellt). Aus wiederholten Nutzungserfahrungen ist zudem bekannt, dass ein Koppeln von zwei Bluetooth-Geräten nicht immer gelingt, wodurch die Hoffnung auf ein komfortables und schnelles Bezahlen mit dieser Lösung wohl ausscheidet.

- W-Lan

Die Sicherheit von Wireless Lan ist als Übertragungsweg nur bei gesicherten Verbindungen (VPN) zufriedenstellend gewährleistet. Übertragungen in nicht-öffentliche, sichere Netze dürften ohne öffentlich zugängliche Schlüssel (z.B. des Händler-W-Lan-Netzes) kaum möglich sein und die Sicherheit des Systems kompromittieren. Abhörsicherheit ist prinzipiell kaum zu gewährleisten. Ebenfalls als sicherheitsproblematisch dürfte einzustufen sein, dass W-Lan auf relativ große Entfernung arbeitet. Datenabgriffe über und Malware in offenen Netzen stellen ein weiteres, erhebliches Sicherheitsrisiko dar. PCI-Normen sowie allgemeine Anforderungen der Anwender an Datensicherheit werden damit aller Voraussicht nach nicht erfüllbar sein. Für sensible Daten ist W-Lan also derzeit kein adäquater Übertragungsweg. Unter der Voraussetzung von geeigneten Verschlüsselungsalgorithmen ist die Übertragung von Daten über das Internet jedoch nicht grundsätzlich auszuschließen.

- NFC

Near Field Communication (NFC) ist eine drahtlose und nach ISO, ECMA sowie ETSI normierte Technologie zur kontaktlosen Übertragung von Daten (bis zu 424 kBit/s) im Ultrahochfrequenzbereich (13,56 MHz) zwischen zwei elektronischen Gegenstellen (Chips) auf sehr kurze Entfernung (maximal 10 cm). Die ursprünglichen Entwickler von der ehemaligen Philips-Tochter NXP-Semiconductors und Sony haben auf Standards wie Bluetooth und RFID (Radio Frequency Identification, d.h. Identifizierung mit Hilfe elektromagnetischer Wellen) zurückgegriffen. NFC basiert auf einer induktiven Kopplung von zwei bidirektional kommunizierenden, intelligenten Gegenstellen. Der aktive Reader generiert ein Induktionsfeld, der passive (schlafende) Transponder (bzw. Chip) bezieht seine Energie aus dem Induktionsfeld.

Ein technischer Quasi-Standard nach ISO 14443 wurde etabliert. Infineon (Siemens) und NXP (Philips) konnten sich jedoch nicht abschließend einigen. Folge war das Entstehen der ISO 14443-A (NXP) und 14443-B (Infineon). Die A-Variante findet sich z.B. in den Mifare-Kartensystemen der U-Bahnen in London und Hong Kong. Ungeachtet der Tatsache, dass der Kryptografie-Algorithmus gemeinhin als unsicher gilt und bereits 2008 kompromittiert wurde, wird das System beispielsweise in Japan noch immer für Zahlungen verwendet.

Mit der ISO 18092 wurden erheblich höhere Sicherheitsstandards für kontaktloses Bezahlen über NFC festgeschrieben. Technisch handelt es sich um die Initiierung eines Peer-to-Peer Netzwerks. Die Kommunikation wird bidirektional zwischen exakt zwei NFC-Devices (Client = Initiator, Host = Ziel) aufgebaut, die beide aktive Chips sein können. Es ist davon auszugehen, dass sich an dieser Norm alle Beteiligten orientieren, die auf dem deutschen Markt an der Entwicklung von kontaktlosen Zahlungen arbeiten. Die Systemsicherheit basiert, kurz und unvollständig erläutert, auf komplexer Verschlüsselung und der Tatsache, dass die Gegenstellen die Kommunikation nicht aufnehmen bzw. sofort abbrechen, sobald eine dritte Stelle im Kommunikationsraum verfügbar wäre. Dies verhindert in der Praxis das Abhören des Datenverkehrs entgegen diversen medial verursachten Irritationen. In diesem Zusammenhang ist zu beachten, dass RFID und NFC nicht gleichzusetzen sind.

Da der NFC-Standard ISO 18092 auch unter Fachleuten als äußerst sicher gilt, bestehen keine expliziten Sicherheitsbedenken, sobald die Zahlung mit einer weiteren Aktion des Zahlenden (z.B. durch Betätigen eines Buttons oder per Fingerabdrucksensor innerhalb der App) aktiv ausgelöst wird.

Grundsätzlich ist NFC somit ein geeigneter Übertragungsweg für das mobile Bezahlen. Die Zahlungsabwicklung erfolgt kontaktlos durch das Hinhalten des Smartphones an das NFC-Zahlungsterminal an der Kasse. Am POS werden dafür Terminals mit einem speziellen NFC-Leser benötigt. Praxiserfahrungen zeigen, dass zwar immer mehr Terminals mit dieser Funktionalität versehen werden, weil auch immer mehr Kreditkartenorganisationen Karten mit NFC-Chips ausgeben, allerdings ist die NFC-Fähigkeit von Bezahlterminals noch keinesfalls flächendeckend gegeben, im Gegenteil (vgl. Angaben zu MyWallet in Abschnitt 5.2.). Der Nachteil, dass der Kunde ein NFC-fähiges Mobiltelefon benötigt, entfällt in der Praxis bereits zunehmend, da fast alle Smartphone-Hersteller ihre Geräte zwischenzeitlich mit diesem System ausrüsten. Auch Apple stattet seine Premiummodelle inzwischen mit NFC-Chips aus, wenngleich die Nutzung wohl vorerst auf den eigenen Bezahldienst Apple Pay beschränkt bleibt (vgl. Becker 2015). Für den Kunden verbleiben die Vorteile, dass es nicht erforderlich ist, das Smartphone aus der Hand zu geben und sog. Leseschächte mit Skimming-Gefahr ebenso wie eine PIN-Eingabe vermieden werden können. Fraglich ist allerdings, ob Kunden NFC mit separatem Sicherheitsschritt wie die Freigabe durch einen Fingerabdruck oder die Eingabe einer PIN bzw. einer TAN auch tatsächlich als zusätzlichen Komfort anerkennen werden, oder ob ohne diesen Schritt wiederum die latenten Sicherheitsbedenken überwiegen werden. Neben dem Auslesen von sensiblen Kartendaten ist davon auszugehen, dass Anwender durchaus (wenngleich nicht zutreffende) Bedenken haben, ob eine Belastung auch ungewollt oder sogar mehrfach erfolgen kann.

Die Transaktionsgeschwindigkeit von NFC liegt im Bereich von ca. 0,1 bis 0,5 Sekunden und bietet damit für Händler und Kunden gleichermaßen einen zentralen Vorteil gegenüber anderen Zahlungsinstrumenten. Vergleiche hierzu auch die in Abbildung 10 dargestellten größten Vorteile beim kontaktlosen Bezahlen per NFC gemäß ibi research (2015a, S. 20).

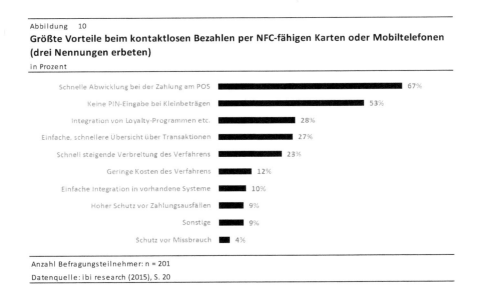

Abbildung 10

Größte Vorteile beim kontaktlosen Bezahlen per NFC-fähigen Karten oder Mobiltelefonen (drei Nennungen erbeten)

in Prozent

Schnelle Abwicklung bei der Zahlung am POS	67%
Keine PIN-Eingabe bei Kleinbeträgen	53%
Integration von Loyalty-Programmen etc.	28%
Einfache, schnellere Übersicht über Transaktionen	27%
Schnell steigende Verbreitung des Verfahrens	23%
Geringe Kosten des Verfahrens	12%
Einfache Integration in vorhandene Systeme	10%
Hoher Schutz vor Zahlungsausfällen	9%
Sonstige	9%
Schutz vor Missbrauch	4%

Anzahl Befragungsteilnehmer: n = 201
Datenquelle: ibi research (2015), S. 20

Zu beachten ist, dass im Markt auch NFC-Lösungen verfügbar sind, die von geltenden Standards abweichen. Die Folgen sind zunächst Fehler bei oder eine völlige Nichtdurchführbarkeit von Transaktionen. Zur Vermeidung von negativen Imageauswirkungen auf die gesamte Technologie wäre es wünschenswert, dass eine Einigung auf einen Standard erfolgt und andere Lösungen von allen NFC-Readern kategorisch abgelehnt werden.

Wie bereits beim Secure Element angesprochen, ist eine weitere entscheidende Frage, wer über welche Daten mit welchen (weiteren) Zugriffsrechten verfügt.

Eine Ausstattung von Mobiltelefonen mit sog. NFC-Tags, deren Stromaufnahme induktiv erfolgt, entspricht nicht dem typischen, auch im Rahmen dieser Arbeit definierten Mobile Payment-Ansatz, der eine Bezahlung von Gütern oder Dienstleistungen mit dem mobilen Endgerät (Mobiltelefon oder Tablet) voraussetzt. Ein NFC-Tag könnte beispielsweise auch an Bekleidungsstücken oder der Geldbörse angebracht werden und ist somit nicht an ein mobiles Endgerät gebunden. NFC-Tag-Lösungen werden daher nicht weiter betrachtet.

- Barcode

Der 1949 von den Amerikanern Norman Joseph Woodland und Bernard Silver erfundene Strichcode (Barcode) für einzelne Warenartikel wird noch heute an den Kassenterminals der POS von Scannern gelesen und anschließend vom IT-System verarbeitet. Die 13stellige Europäische Artikelnummer (EAN 13) wurde zwischenzeitlich von einer 14stelligen Global Trade Item Number (GTIN 14) abgelöst. Eine kryptisierte Darstellung in Form von alphanumerischen Zeichenketten ist ebenfalls möglich, vgl. Abbildung 11.

Abbildung   11

Beispiel für einen Barcode nach GS1-GTIN14

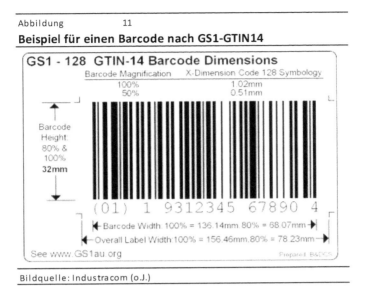

Bildquelle: Industracom (o.J.)

Die Vorteile dieser Technologie bestehen darin, dass sie weltweit flächendeckend verbreitet ist (inklusive vorhandener Scanner) und der Standard in der Regel eingehalten wird. Die Nachteile liegen einerseits in einer räumlichen und damit quantitativen Begrenzung von codierten Daten, weil der Code mit zunehmender Informationsmenge immer breiter werden würde und irgendwann an eine nicht mehr handhabbare Grenze stoßen würde. Andererseits werden Fehler wie beispielsweise kleinere Beschädigungen nicht toleriert und führen wegen einer fehlenden systemimmanenten Redundanz zu Unlesbarkeit. Für das mobile Zahlen ist der Barcode daher letztlich nur beschränkt empfehlenswert.

- QR-Code

Die Nachteile von Barcodes entstehen bei dem von der Toyota-Tochterunternehmung Denso entwickelten Quick-Response-Code (QR-Code, schwarz-weiße Rastergrafik) nicht. Der zweidimensionale Code gemäß ISO 18004 kann mittlerweile mit nahezu allen Mobiltelefonen über integrierte Kameras und Applikationen decodiert werden. Durch Redundanzen im Code können bis zu 30 % Informationsverlust wiederhergestellt werden. Der Code selbst enthält Version, Format und verschlüsselte redundante Daten. Die Kapazität beträgt bis zu 4296 alphanumerische bzw. bis zu 7089 numerische Zeichen. Ein Barcode mit dieser Informationsfülle wäre unzumutbar groß bzw. nicht zu verarbeitend lang.

Beim Zahlungsvorgang dienen QR-Codes den Bezahl-Applikationen als Datencontainer für nicht sicherheitsrelevante Daten. Diese werden an Provider übermittelt, die die Zahlung auslösen und der Kasse rückbestätigen. Eine Übermittlung von sensiblen Daten ist nicht erforderlich und sollte auf diesem Wege auch keinesfalls vorgenommen werden.

Bei einer sog. Merchant Scan-Methode müsste ein Scan durch die Kassenkräfte vom Smartphone-Display des Kunden erfolgen. Die bislang weitgehend vom Handel eingesetzten linear arbeitenden Laserscanner sind dazu allerdings nicht in der Lage. Diese Option scheidet daher aufgrund von nur für diesen Zweck (Mobile Payment) zu tätigenden Investitionen vielfach aus.

Die sog. Customer Scan-Methode, bei der ein Scan des Kassenbelegs durch den Kunden erfolgt, wäre demgegenüber verhältnismäßig einfach umzusetzen. Anstelle von teuren Hardware-Investitionen wäre hier lediglich eine Aktualisierung der Software-Programmierung erforderlich.

In Abbildung 12 wird der vorhergehende Absatz nochmals als QR-Code dargestellt:

Beispiel für einen QR-Code

Quelle: Foundata (o.J.)

- Zusammenfassende Bewertung der Technologien

Es kann festgehalten werden, dass Bluetooth, W-Lan und Barcodes eher keine zufriedenstellenden Lösungsoptionen für mobiles Bezahlen bieten.

Die NFC-Technologie erscheint bereits interessanter, vor allem aufgrund der sehr schnellen Transaktionsgeschwindigkeit. Neben einer Gewährleistung der Sicherheit müssten allerdings eine Standardisierung sowie deren anschließende Einhaltung gelingen. Neben dem Streit um die Herrschaft über die relevanten Daten und der Übertragung sensibler Daten in Umgebungen, deren Abhör- und Missbrauchsmöglichkeit technisch nicht völlig auszuschließen sind, bliebe als zentraler Nachteil dennoch, dass NFC-Reader aktuell noch nicht flächendeckend vorhanden sind und Handelsunternehmen zu entsprechenden Investitionen zwingen würden.

Die für alle Beteiligten relativ einfache Handhabung von QR-Codes, das Ausschalten einer echten Datenkommunikation zwischen Kasse und Mobiltelefon (sog. Bruch in der Kommunikations- oder Datenübertragung) sind Vorteile, die zu einer Eignung von QR-Codes für mobiles Bezahlen führen, zumal auch für den Handel, zumindest bei einer Customer Scan-Methode, abgesehen von einem Software-Update keine Investitionen erforderlich sind. Im direkten Vergleich mit NFC verbleibt als Nachteil die geringere Transaktionsgeschwindigkeit.

5. Mobile Payment-Ansätze im Praxistest

5.1. Der bislang ungebrochene Wille zum Erfolg

In der Gegenwart des 21. Jahrhunderts ist inzwischen in vielen privaten wie geschäftlichen Lebensbereichen die Zeit als vermeintlich knappstes Gut identifiziert worden. Unternehmen wie Verbraucher streben daher gleichsam nach einer Beschleunigung von letztlich allem. Wer sich nicht gerade mit offensichtlich wichtigen Dingen während einer Wartezeit mit seinem Smartphone beschäftigt (bzw. beschäftigen kann, weil z.B. der Akku leer ist oder das Mobiltelefon gestohlen wurde), reagiert fast immer gestresst auf z.B. eine Rotphase an einer Ampel (die verkehrsgefährdende Unsitte der Nutzung von Mobiltelefonen an einer Ampel stellt gemäß eigenen Beobachtungen leider keinen Ausnahmefall mehr dar), auf eine Warteschlange an der Supermarktkasse oder auf einen nicht in den Bahnhof einfahren wollenden Zug, vgl. Abbildung 13.

Abbildung 13

Überbrückung von Wartezeiten im 21. Jahrhundert

Wurde sein Handy gestohlen oder ist nur der Akku leer?

Bildquelle: Power (2014)

Auch der Markt für Zahlungstransaktionen bildet hiervon keine Ausnahme. Die Zeiten, in den Banken mit überwiesenen Beträgen noch bis zu drei Werktage arbeiten konnten, sind längst vorbei. Ähnlich wie bei der vielleicht aus diesem Grund (Buchungen sind in Echtzeit in allen Teilsystemen verfügbar) so erfolgreich gewordenen Software von SAP erwarten Kontoinhaber heutzutage eine Gutschrift möglichst in Echtzeit. Selbst eine Belastung in Form einer Bezahlung wird zumindest an den Kassen des POS von den Verbrauchern möglichst bereits in dem Augenblick, in dem der Kassenbereich erreicht wird, angestrebt.

Weil eine Erhöhung der Transaktionsgeschwindigkeit auch für die Handelsunternehmen vorteilhaft ist, testen diese seit Jahren und Jahrzehnten immer wieder neue Verfahren, den Kunden bzw. den Bezahlvorgang zu beschleunigen. Erst seit relativ kurzer Zeit im Praxiseinsatz erprobt sind beispielsweise Customer Self-Scan-Verfahren, unter anderem bei dem Möbelhandelskonzern IKEA. Auch Ideen zur Bezahlung mit einem Mobiltelefon sind keineswegs neu, sondern entstanden bereits zu einer Zeit, als Smartphones noch nicht einmal bekannt, geschweige denn verfügbar waren.

An dieser Stelle kann daher bereits auf zahlreiche Ansätze zurückgeblickt werden, die sich nicht etablieren konnten und zumindest derzeit (noch) als gescheitert anzusehen sind. Wie in Abschnitt 2.4. unter anderem angeführt, waren allerdings vielleicht auch die Erwartungen und Ziele bezüglich des Themenbereichs Mobile Payment bisher schlichtweg zu ambitioniert.

Laut Chen (2008, S. 33) existierten in Europa vor mehr als acht Jahren bereits über 180 Zahlungssysteme, die auf Mobilfunk basierten. In einem aktuelleren Überblick werden vom European Payments Council (EPC) insgesamt 90 Initiativen angeführt, die allein zwischen November 2013 und Oktober 2014 bekannt wurden (vgl. EPC 2014).

Banken waren in solchen Übersichten lange Zeit kaum vertreten, was zum Teil vielleicht auch auf den Misserfolg ihrer mit viel Enthusiasmus auf den Markt gebrachten Geldkarte zurückzuführen ist. Erst seit Kurzem wird das Segment „Mobile Payment" nicht mehr vorwiegend Unternehmen wie Kreditkartenorganisationen, Startups oder Telekommunikationsdienstleistern überlassen.

Ähnlich wie der Bankingclub, der sich 2014 auch eine gewisse Selbstblockade eingestand, scheiterte die Trusted Security Management Plattform für Mobile Payment der Anbieter für Telekommunikationsdienstleistungen wohl ebenfalls an einem mangelnden Vertrauen der handelnden Parteien zueinander. Und auch die Mobile Payment-Insellösungen der Händler waren bislang überwiegend durch eine mangelnde Bündelung der Kräfte gekennzeichnet und blieben weitgehend erfolglos.

Erst seit 2015 gibt es aufgrund des gestiegenen Handlungsdrucks durch Lösungen von insbesondere amerikanischen Großkonzernen wie Amazon, Apple und PayPal eigene Ansätze im Markt, die Kräfte von Startups, Technologieunternehmen, Kreditinstituten sowie Händlern zu bündeln und in konzertierten Aktionen dem Thema Mobile Payment doch noch zum Erfolg in Deutschland zu verhelfen.

Bevor im nächsten Abschnitt ein Blick auf gescheiterte Lösungen erfolgt, wird nachfolgend mit M-Pesa exemplarisch eine internationale Erfolgsstory zu Mobile Payment berichtet. Trotz spezieller, regionaler Rahmenbedingungen ist ein Lösungsgitter erkennbar, das in Teilen auf Deutschland übertragen werden kann und daher auch hier zum Erfolg von Mobile Payment beitragen kann.

Der Mobilfunkanbieter Safaricom (gehört zur Vodafone-Gruppe) startete 2007 in Kenia ein System zum Transfer von Geld (Pesa) mittels Mobiltelefon, das zwischenzeitlich auf Indien, Ägypten und in 2014 mit Rumänien auch auf das erste europäische Land ausgeweitet wurde. Die Funktionalität ist bestechend einfach: Zunächst wird ein Guthaben auf der SIM-Karte eines Telefons generiert und anschließend mobil weitertransferiert (oder auch für Telefonate genutzt). Das „Aufladen" erfolgt durch eine Barzahlung (der in der Regel einzig verfügbaren Geldform, da Bankkonten kaum verbreitet sind) bei dazu bevollmächtigten Mittlern („Agents") wie beispielsweise Tankstellen, Kiosken oder Internetcafes, die selbst in abgelegenen Regionen, weitab von einem urbanen Zusammenleben, noch anzutreffen sind. Damit ist gleichzeitig auch eine flächendeckende Verfügbarkeit des Systems zum Aufladen und Bezahlen sichergestellt. Das Bezahlen selbst erfolgt per SMS. Damit wird einerseits eine schnelle Transaktionsgeschwindigkeit erreicht und andererseits vermieden, dass die Nutzer ein Smartphone mit Internetzugang benötigen. Im Hinblick auf relativ hohe Anschaffungskosten und eine kaum erreichbare Netzabdeckung in den ruralen Zielgebieten Afrikas konnten so zwei Erfolgshemmnisse umgangen werden. Mit der SMS des Senders wird dem vorgesehenen Zahlungsempfänger ein systemisch generierter Code übermittelt. Dieser Code, der einen sog. Datenweitergabebruch darstellt (zu dieser Vorteilhaftigkeit vgl. Abschnitt 4.1.), dient abschließend bei Vorlage bei einem der genannten Agents der Autorisierung und Entgegennahme der Geldzahlung. Neben einer Geldtransaktion von einer Person zu einer anderen Person (P2P) ist auch eine Überweisung von Geld auf ein Bankkonto möglich.

Das Thema Sicherheit bei einer Zahlungstransaktion ist in diesen ruralen Regionen eher nicht das primäre Entscheidungskriterium. Gegenüber alternativen Bargeldtransferoptionen bei räumlichen Distanzen ist allerdings zu konstatieren, dass die Lösung M-Pesa auch hier mindestens eine Äquivalenz erreicht. Redundant angemerkt handelt es sich also um eine relativ schnelle, einfache und sichere Lösung zum Transfer von Geld über das Mobiltelefon. Andere Alternativen wie gerade die bei Kleinbeträgen sehr teure und wegen ihrer Sicherheitsanforderungen sehr komplexe Bezahlung mittels Kreditkarte wären im direkten Vergleich weniger geeignet. Der Erfolg von M-Pesa scheint zunächst begrenzt auf hinsichtlich bargeldloser Finanztransaktionen unterentwickelte Märkte. Deutschland zählt hierzu mit Sicherheit nicht. Mit Blick auf den Stand von Mobile Payment ist man allerdings geneigt, an dieser Stelle ein „abgesehen von" einzufügen und schon wieder an ein bereits zitiertes gallisches Dorf zu denken. Das beschriebene System dürfte für den komplexeren Markt in Deutschland kaum in Frage kommen, da der Einsatz von Smartphones bei der vorhandenen ausreichenden Netzabdeckung alle Vorgänge vereinfachen und auch die Sicherheit erhöhen kann. Es zeigt aber, dass ein Erfolg nicht nur möglich ist, sondern denjenigen nahezu garantiert wird, die es verstehen, tatsächliche Anforderungen und Bedürfnisse von Kunden sowie die Rahmenbedingungen zu verstehen und zu berücksichtigen.

5.2.   In Deutschland gescheiterte Lösungen

Nachfolgend werden exemplarisch einige Mobile Payment-Lösungen aufgezeigt, die sich in Deutschland nicht durchsetzen konnten und als zumindest temporär gescheitert einzustufen sind.

- Rea-dy

  Eines der ersten Verfahren zum mobilen Bezahlen kam aus der Welt der Terminalhersteller. Das von der REA Mobile AG, einer Schwester der REA Card GmbH, entwickelte System „rea-dy" war bereits 2008 pilotreif, es basierte auf Java für Mobiltelefone. Nach der Registrierung von Rufnummer und Bankkontodaten wurde die Zahlung mit Hilfe einer Lastschrift ausgelöst.

  Die Zahlungen wurden mit Loyaltyprogrammen verknüpft und so konnte der Kunde Gutscheine und Punkte in seiner rea-dy-„App" sammeln und einlösen sowie nebenbei auch mit dem Handy bezahlen. Das System wickelte die Zahlung über den zertifizierten Bezahlserver der REA Card ab. Durch Eingabe der Telefonnummer in ein herkömmliches Kartenzahlungsterminal von REA Card wurde die Bestätigung der Zahlung am gleichen Server abgerufen.

Der einsetzende Smartphone-Boom wurde von Seiten des Unternehmens allerdings spät bzw. zu spät erkannt. Nach einem erfolgreichen Piloten im Raum Darmstadt gab es einige Anfragen von großen Filialketten und anderen Handelsunternehmen mit durchaus üblichen Änderungs- und Anpassungswünschen. Die zur Umsetzung dieser Wünsche erforderlichen Mittel zur Weiterentwicklung und Programmierung von Applikationen wurden ebenso nicht mehr bereitgestellt wie die Mittel für Marketingaktionen für einen flächendeckenden Roll-Out.

Die REA Mobile wechselte schließlich den Besitzer. Innerhalb der Unternehmensgruppe Peaches AG wird derzeit offenbar nur noch das seinerzeit sehr erfolgreiche Parken-per-Handy in Darmstadt über einen Drittanbieter abgewickelt.

Die Konzeption von rea-dy hatte zahlreiche Vorzüge. Einerseits wurde das Zahlen mit für Kunden und Händler gleichermaßen vorteilhaften Loyalty- und Bonusprogrammen verbunden. Andererseits erfolgte ein sicherheitsrelevanter, immanenter Datenweitergabebruch, es wurden keine sensiblen Daten auf dem Mobiltelefon gespeichert, die Zahlung wurde vom Kunden ausgelöst und musste im Terminal bestätigt werden. Darüber hinaus waren für den Handel keine Hardware-Investitionen erforderlich, der Kunde musste lediglich die Java-Applikation kostenlos herunterladen. Dies war aber auch gleichzeitig einer der zentralen Nachteile. Java war insbesondere mit Apple, dem damaligen Innovator und Marktführer für Smartphones, nicht kompatibel. Neben einer unzureichenden Anpassungsflexibilität auf den neuen Mobilfunkmarkt und die damit verbundenen Kundenwünsche verhinderten wohl auch vergleichsweise hohe Transaktionskosten einen flächendeckenden Roll-Out.

Zu Beginn des endgültigen Durchbruchs von Smartphones war das Nutzungspotenzial für rea-dy bereits relativ hoch. Bevor sog. First Mover deren Vorteile realisieren können, sind oft hohe Erstentwicklungs- und Markteinführungskosten erforderlich. Ohne entsprechende Risikokapitalinvestoren (Vorbild sind hier die USA) ist als Resümee festzuhalten, dass die Kapitalkraft auch von etablierten deutschen Mittelständlern eher nicht ausreicht, die entsprechenden Risiken selbst tragen zu können.

- MyWallet

Anknüpfend an die letzte Aussage wird im nächsten Beispiel die Lösung für mobiles Bezahlen von einem der größten und kapitalstärksten Player in diesem Markt aufgezeigt. Die Deutsche Telekom als Telekommunikations-Marktführer in Deutschland verfügt über viele Millionen Kunden- und Kontodaten, eine immense Erfahrung mit Lastschriftverfahren sowie den direkten Zugriff auf das Mobiltelefon ihrer Kunden.

Im Mai 2014 und damit mit etwa einjähriger Verzögerung wurde das Projekt „MyWallet" gelauncht. Das Walletprinzip mit einem aufladbarem Guthaben hatte sich allerdings schon bei der Geldkarte als sehr zäh in der Akzeptanz erwiesen, was letztlich zur Ablösung durch girogo führte. Gleiches scheint der virtuellen Brieftasche der Telekom zu widerfahren. Von einem Erfolg kann zumindest per Stand Dezember 2015 keinesfalls gesprochen werden.

Zur Nutzung dieses Bezahlsystems erhalten Kunden einen NFC-Tag zum Aufkleben auf ein Mobiltelefon sowie eine aufladbare, kombinierte Master-Maestro-Card. Diese Lösung entspricht nicht einem einleitend definierten Mobile Payment-

Ansatz, da der Tag im Grundsatz auch z.B. an der Geldbörse angebracht werden könnte. Die Kombination mit einer aufzuladenden Karte war erforderlich, weil zum Zeitpunkt des Launches geschätzt erst etwa 35.000 Händler über NFC-fähige POS-Zahlungsterminals verfügten (vgl. EPC 2014, S. 36).

Die Zahlungsabwicklung erfolgte bislang über ClickandBuy, einer 100prozentigen Tochter der Deutschen Telekom AG. Wie eine routinemäßige Homepage-Prüfung kurz vor Drucklegung ergab, verfestigt sich der Eindruck, dass MyWallet wohl derzeit als gescheitert anzusehen ist:

„Liebe MyWallet Card Kunden, wir müssen Sie leider darüber informieren, dass die ClickandBuy International Limited in den nächsten Monaten alle Bezahlprodukte einstellen wird. Dies betrifft zum 30.06.2016 auch die MyWallet Card. Unser Partner Telekom Deutschland GmbH möchte Ihnen losgelöst davon auch zukünftig das mobile Bezahlen über die MyWallet App ermöglichen; dies kann z.B. über einen anderen Herausgeber der MyWallet Card realisiert werden. Genauere Informationen hierzu werden Sie schnellstmöglich von der Telekom Deutschland oder ClickandBuy erhalten" (Deutsche Telekom 2016).

Es wird vermutet, dass dieses System beim Verbraucher auch aus dem Grund abgelehnt wird, weil der Umstand, dass sich im Mobiltelefon eine spezielle SIM-Karte mit einem Speicher für die Ablage von sensiblen Daten befindet (sozusagen das Secure-Element) nicht unbedingt zur Steigerung des Sicherheitsgefühls beiträgt, im Gegenteil. Hochsensible Daten immer mit sich zu tragen, kann auch ein gewisses Unbehagen auslösen, vergleichbar dem Herumtragen eines Geldkoffers.

- Pay-at-Match

Das Mobile Payment-Verfahren Pay-at-Match basiert auf einem elektronischen Lastschriftverfahren (ELV) und NFC-

Technologie. Die Deutsche Telekom hatte unter dem Namen Pay-at-Match zunächst vor etwa drei Jahren ein biometrisches Identifikations- und Authentifizierungsverfahren für bargeld- und kartenloses Bezahlen per Fingerabdruck eingeführt, diese Idee dann allerdings nicht weiter verfolgt. Das neue Bezahlverfahren unter dem alten Namen Pay-at-Match ist eine Art virtuelle EC-Karte. Über eine Applikation auf dem Smartphone können Endkunden an NFC-fähigen Zahlungsterminals im Handel bezahlen, der Zahlbetrag wird dann vom Bankkonto abgebucht. Die weitere Zukunft dieser Applikation ist derzeit fraglich, weil Pay-at-Match eine Zahlungslösung innerhalb der Telekom-Wallet darstellt und MyWallet, wie zuvor bereits erwähnt, per 30.06.2016 eingestellt werden wird.

- Wallet-Lösungen anderer Mobilfunkanbieter

Der Vollständigkeit halber wird an dieser Stelle kurz angeführt, dass auch die anderen großen Mobilfunknetzbetreiber in Deutschland eigene Wallet-Lösungen anbieten.

Im November 2015 hat Vodafone verkündet, dass nun auch MasterCard in ihr Wallet-Konzept integriert wurde. Der dezente Hinweis, dass insgesamt eine Bezahlung innerhalb von einigen Minuten gelingt („within minutes", Vodafone 2015), lässt allerdings auch bei dieser Lösung ein Scheitern erwarten. Dass nachfolgende Supermarktkunden einige Minuten warten, bis der vorhergehende Kunde endlich bezahlt hat, ist (überspitzt formuliert) ohne Androhung von Gewalt zumindest im Wiederholungsfall kaum denkbar. Nur anfangs überwiegen vielleicht noch Neugier und Verständnis.

Auch E-Plus hat sich bei seiner ca. im Frühjahr 2014 gelaunchten Wallet-Lösung (NFC-fähiges Mobiltelefon, Scan von QR-Codes) in Kooperation mit BASE sehr ambitionierte

Ziele gesteckt, deren Erreichung in absehbarer Zeit zumindest fraglich erscheinen:

„Im Bus das mobile Ticket vorzeigen, Rabattaktionen im Einzelhandel nutzen, im Fitnessstudio einchecken, beim Einkauf im Drogeriemarkt zahlen und zugleich Bonuspunkte sammeln – zukünftig ist das aus einer Hand möglich. Vorbei ist dann die Zeit der prall gefüllten und schweren Portemonnaies mit Mitgliedsausweisen, Kunden-, Bank- und Rabattkarten" (E-Plus 2016).

Am 31.03.2014 hatte O2 (wie E-Plus ebenfalls eine Telefonica-Tochter) seine Wallet-Aktivitäten wieder eingestellt, nicht ohne sich zumindest bei den wenigen Nutzern zu bedanken: „Thanks for being a customer" (O2 2014).

- Luupay

Bereits im Jahr 2000 wurde der Bezahldienst Luupay von der norwegischen Firma Contopronto entwickelt und 2002 in Norwegen gelauncht. In Deutschland erfolgten sowohl der Markteintritt, wie auch der spätere Marktaustritt mangels eines ausreichenden Erfolges, im Jahr 2009. Auch der vergleichsweise potente Partner Deutsche Bank konnte hieran nichts ändern.

Das System war so konzipiert, dass jeder Mobilfunknummer ein kostenfreies Kundenkonto zugeordnet wurde, dem die Zahlungen letztlich belastet wurden. Der Ausgleich erfolgte per Vorkasse (Prepaid), per Lastschrift oder per Kreditkarte. Unabhängig von der gewählten Kontenaufladung zahlte der Kunde analog PayPal immer mit Luupay. Das prinzipiell durchaus sehr gut strukturierte Pooling-System war möglicherweise einfach zu früh am Markt mit seiner on- und offline nutzbaren mobilen Geldbörse. Der Umstand, dass dieses Bezahlsystem nahezu nur Insidern wirklich bekannt war, deutet auf eine weitere Problematik hin, an der wohl auch bereits andere Mobile Payment-Lösungen scheiterten. Als First

Mover im Bereich von Zahlungslösungen, mit hoch sensiblen Daten und gleichermaßen gewohnten wie bewährten Verfahren, dürfte ein sehr hoher Marketingaufwand erforderlich sein, um die Kunden in ausreichender Zahl zu erreichen und zu überzeugen. Möglicherweise hätte es in diesem Anwendungsfall auch geholfen, das Bezahlverfahren öffentlichkeitswirksam mit dem Label Deutsche Bank auszustatten. Auch wenn die deutsche Großbank in den letzten Jahren durch zweifelhafte Geschäfte und diverse Rechtsverfahren in den Blickpunkt rückte, die Kompetenz, schnelle und sichere Transaktionen durchzuführen, dürfte dem Institut auch von Nichtkunden dieser Bank kaum abgesprochen werden.

- Paybox

  Wie bei rea-dy funktioniert das System Paybox der österreichischen paybox Bank AG über die Telefonnummer des Mobiltelefons und eine Applikation. Es werden ebenfalls weder sensible Daten übergeben, noch im Mobiltelefon gespeichert. Auch hier hat sich der Anbieter (in diesem Falle bereits 2003) aus dem deutschen Markt zurückgezogen, was wohl auch auf den Ausstieg des 50%igen Investors Deutsche Bank zurückzuführen ist. In Österreich ist das Verfahren nach wie vor aktiv am Markt.

- Avuba

  Die Berliner Avuba GmbH bot ab 2013 ein P2P-System an zum Zahlungstransfer zwischen Einzelpersonen (auch an Personen, die keinen Avuba-Account besaßen) über SMS.

  Der Nutzer hinterlegte auf dem Server ein deutsches Bankkonto und konnte dann (limitiert) Geld transferieren (maximal 2.500 € p.a. bzw. 250 € pro Monat). Für das Bezahlen am POS existierte bis dato keine Möglichkeit. Die kostenfreie App sollte sich über für einen späteren Zeitpunkt vorgesehene Händlergebühren und Premiumfunktionen finanzieren. Alles in allem wirkte auch dieser Ansatz recht sicher und funktional. Mit PayCash als Transaktionsabwickler war ein erfahrener Player an Bord und die Abwicklung erfüllte die deutschen regulatorischen Anforderungen. Avuba hat seinen Dienst ohne genaue Angabe von Gründen zum 31.08.2015 eingestellt. PayCash ist mit einer eigenen App-Lösung im Bereich Mobile Payment weiter aktiv.

- Yapital

Am 31.01.2016 und damit unmittelbar nach Drucklegung dieses Buches wird mit Yapital, ein Tochterunternehmen der Otto-Versandhandelsgruppe, eine weitere, relativ bekannte und mit sehr bzw. zu ehrgeizigen Zielen gestartete Mobile Payment-Lösung mindestens vorläufig eingestellt werden (vgl. Motte 2015).

Auch bei dieser Lösung musste sich der Kunde nur einmalig registrieren und konnte dann sogar per Rechnung einkaufen. Des Weiteren konnten nach dem Login Kreditkarten, Girokonten sowie sogar PayPal-Accounts hinterlegt werden. Person-to-Person-Transaktionen waren ebenfalls möglich. Die Sicherheitsausstattung ist in Luxemburg lizensiert, die Abwicklung erfolgte über die Hanseatic Bank der Otto-Gruppe.

Nach eigenen Angaben konnte Yapital mehr als 2.500 Händler mit etwa 8.000 Einkaufsstätten von der Akzeptanz dieses Zahlungssystems überzeugen. Darunter auch zahlreiche sehr bekannte Unternehmensgruppen wie Rewe, Douglas, Total oder Sportscheck. Es gelang jedoch nicht, die zweite zentrale Stakeholdergruppe in ausreichender Anzahl zu gewinnen. Für die Verbraucher war dieses System zwar kostenfrei, aber die

Bedienung der App (Scan eines QR-Codes, PIN-Eingabe) wohl zu ungewohnt und umständlich als Bezahlvorgang. Anstelle der angestrebten siebenstelligen Nutzerzahl konnten nur etwa 5.000 bis maximal 100.000 Kunden gewonnen werden. Für Händler war das Gebührenmodell (ca. 2,6 % des Umsatzes) nicht ausreichend interessant. Somit war eine Motivation zur Durchführung von umfangreicheren Werbeaktivitäten, zur Steigerung des Bekanntheits- und Nutzungsgrades, nicht gegeben. So startete wohl nicht nur Rewe den Rollout bewusst sehr zurückhaltend (vgl. Bender 2013).

- Weitere gescheiterte Lösungen sind beispielsweise paymey und mpax. Beide Lösungen basierten auf der QR-Technologie.

5.3. Aktuelle Lösungen im deutschen Markt

Nachfolgend werden exemplarisch einige Lösungen zur Bezahlung von Waren mit dem Mobiltelefon in stationären Einkaufsstätten in Deutschland angeführt.

- PayPal

  Das erst im Jahr 2000 gegründete und 2003 von ebay erworbene Unternehmen PayPal verfügt derzeit über etwa 160 Mio. Kunden (davon ca. 10 % in Deutschland) und ist damit Marktführer bei den Internet-Bezahlsystemen. Eine Aufnahme in diese Untersuchung erfolgt, weil PayPal mittlerweile auch an stationären POS genutzt werden kann.

  Die herausragende Marktpositionierung ist wohl auch darauf zurückzuführen, dass es PayPal gelingt, dem Kunden Service, Sicherheit und Einfachheit zu bieten. Kunden müssen zunächst einen PayPal-Account eröffnen. Dieses virtuelle Konto ist mit einer Referenz-Email-Adresse verbunden und mit tatsächlichen (vom Nutzer hinterlegten) Konten und Karten zur Zahlungsabwicklung verknüpft. Die Wahl des Zahlungsmittels tätigt der Kunde. Systemseitig ist es möglich, Zahlungen sofort und einfach auf beliebige Email-Adressen zu transferieren. Nach einer Bestätigung der Zahlung wird der Empfänger informiert und der Betrag steht sofort zur Verfügung. Der Zahlungsempfänger benötigt für einen Zugriff auf übertragene Beträge einen PayPal-Account. Sollte kein Account existieren, informiert PayPal über den Eingang und ein Account kann nachträglich ad-hoc eröffnet werden. Informationen über verwendete Zahlungsmittel oder Konten des Zahlenden werden nicht preisgegeben. Es ist lediglich eine einzige Dateneingabe im System erforderlich. Durch den Bruch in der Datenweitergabe werden für den Käufer Eingabe- bzw. Phishingrisiken vermindert. Die eigentliche Transaktion findet zügig zwischen dem alle Sicherheitsanforderungen erfüllenden Transaktionsnetzwerk von PayPal und dem jeweiligen Acquirer über eine sichere Kommunikation statt.

Mit QRShopping testet PayPal seit 2013 in Deutschland eine Verbindung der Online- und Offline-Shoppingwelten. Unabhängig von Ladenöffnungszeiten können QR-Tags von Schaufenstern (sog. Window-Shopping 24/7) oder aus Inseraten gescannt, über PayPal bezahlt und anschließend abgeholt oder postalisch in Empfang genommen werden. Im Zuge dieser Pilotierung erfolgte in 2013 auch eine Kooperationsaufnahme mit Orderbird (Lieferant von iPad-Kassensystemen für die Gastronomie).

Ein zentraler Hinderungsgrund für einen flächendeckenden Rollout dieser Mobile Payment-Lösung ist das Gebührenmodell, das mit der Forderung seitens des Handels, Mobile Payment dürfe keine höheren Kosten als girocard oder Bargeld verursachen, zumindest derzeit noch kollidiert.

- Alipay

  Die chinesische Antwort auf Paypal lautet Alipay, das inzwischen wichtigste Bezahlsystem in China. Mit nach eigenen Angaben mehr als 300 Mio. registrierten Usern (bei einer Bevölkerung von 1,374 Mrd.) und Transaktionen im hohen zweistelligen Millionen-Bereich werden täglich nahezu 50 % aller Gesamttransaktionen über dieses Bezahlsystem in China abgewickelt. Der Bezahlvorgang wird ausgelöst durch das Scannen eines für den Händler eindeutig identifizierbaren QR-Codes an der Kasse oder einer Integration von entsprechenden Schnittstellen zur Anwendungsprogrammierung (sog. APIs) innerhalb einer E-Commerce Lösung. Ähnlich wie bei PayPal wird der Bezahlbetrag dem Kundenkonto in Renminbi (wird auch als Yuan bezeichnet, Symbol ¥) belastet und dem Händlerkonto in seiner gewünschten Währung gutgeschrieben.

- paydirekt

  Die deutsche Antwort auf PayPal lautet paydirekt, der Instant Payment Dienst der Deutschen Kreditwirtschaft, der unter Beteiligung von 40 privaten Banken, genossenschaftlichen Instituten und Sparkassen im August 2015 in die Pilotphase ging. Das System basiert auf den von der EZB forcierten Instant Payment-Vorgaben, benötigt lediglich ein zum Onlinebanking freigeschaltetes Konto und besitzt derzeit (noch) nicht die Möglichkeit, andere Bezahllösungen wie z.B. Kreditkarten, zu hinterlegen. Dies ist durchaus folgerichtig, da eine solche Hinterlegung die Anstrengung der deutschen Banken konterkarieren würde, dem massiven Einfluss der weltweit beherrschenden Kreditkartenorganisationen zu geringeren Kosten ein Pendant entgegenzusetzen. Sofern es gelingen sollte, die deutsche Bankenlandschaft zu vereinen, erscheint die Implementierung einer europaweit kompatiblen Lösung möglich, welche die Forderungen von Verbrauchern und Händlern wie insbesondere Sicherheit, geringe Transaktionsgebühren, Zahlungsgarantie für Händler, hohe Transaktionsgeschwindigkeit sowie Käuferschutz berücksichtigt.

Den Sicherheitsaspekt, keine sensiblen Daten an den Handel weiterzugeben – eine der Erfolgsgrundlagen von PayPal, bietet das Bankensystem mit paydirekt ebenfalls. Für Kontoinhaber allerdings ohne das Erfordernis, ein neues Konto eröffnen und online angeben zu müssen, wodurch ein möglicherweise entscheidender Vorteil gegenüber der amerikanischen Konkurrenz entsteht.

Sollten die Banken bei paydirekt nicht die Fehler von girogo und Geldkarte wiederholen, sondern die potenziellen Nutzer salopp formuliert auch dort abholen, wo sich diese gerade befinden, das Marketing also geeignet abstimmen, dann erfüllt paydirekt die Voraussetzungen, erfolgreich zu sein und sich vorerst in Deutschland und dem SEPA-Raum als Alternative zu PayPal & Co. zu positionieren. Weiter wie bisher, und dessen scheinen sich die Banken bewusst zu sein, ist keine Alternative, wenn diese nicht ihr Geschäftsmodell gefährden wollen.

Die Integration einer Mobile Payment-Lösung wird derzeit nicht getestet, scheint aber bis Ende 2016 zumindest vorgesehen zu sein.

- mpass

Die Deutschen Mobilfunkanbieter Deutsche Telekom, Vodafone und Telefonica (O2) entwickeln in Zusammenarbeit mit dem Acquirer Wirecard und dem Card Scheme Mastercard ein mobiles Bezahlsystem, das unter dem Namen „mpass" firmiert. Es handelt sich dabei jedoch um kein echtes Mobile Payment im Sinne des Bezahlens mit dem Handy am POS, da lediglich Maestro PayPass-Zahlungen über einen auf eine beliebige Oberfläche aufzubringenden NFC-Sticker abgewickelt werden (ab 25 Euro ist zusätzlich eine PIN-Eingabe erforderlich). Ob das Aufkleben einer Art Kreditkarte mit entsprechend sicherheitsrelevanten Informationen die wirklich sichere Verwahrung des Zahlchips darstellt, bleibt zur Entscheidung den Nutzern überlassen, schließlich können sich Klebverbindungen lösen. Zwischenzeitlich scheinen sich die Deutsche Telekom und Vodafone von diesem Projekt zurückgezogen zu haben, was aus der mit einem Copyright-Hinweis von 2013 ausgestatteten Homepage von mpass allerdings noch nicht ersehen werden kann.

- girogo

Als Nachfolgesystem der mit der Geldkarte wohl gescheiterten Deutschen Kreditwirtschaft (DK) ist seit 2012 „girogo" anzusehen. Mittels NFC-Technologie erfolgte eine Erweiterung um die Funktionalität „Contactless Payment". Der Karteninhaber hält hierzu seine mit einem EMV-Chip ausgerüstete Karte an ein Terminal-Lesegerät. Die Datenübertragung erfolgt verschlüsselt. Die auf maximal 20 Euro je Transaktion begrenzte Zahlung (bei höheren Beträgen muss ein anderes Verfahren gewählt werden) wird durch ein Signal bestätigt. Das Aufladen der Karte (hierzu ist die Eingabe einer PIN erforderlich) ist unter anderem an jedem Geldautomaten möglich. Auch bei dieser Lösung handelt es sich um eine reine Kartenzahlung auf Prepaidbasis, also nicht um ein echtes Zahlen mit dem Mobiltelefon. Für Zahlungen an Automaten bzw. im Quickout-Umfeld bei geringen Warenwerten und hoher Kundenfrequenz ist girogo geeignet (z.B. in Stadien, Kantinen und Mensen). Die in vielen Fußballstadien zwischenzeitlich verwendeten girogo-Karten, die teilweise ohne Betragsbegrenzung funktionieren, sind zum

Teil nicht für die Zahlung außerhalb der Stadien und damit nicht flächendeckend verwendbar. Ob sich girogo beim Verbraucher besser durchsetzen wird als die Geldkarte, bleibt also abzuwarten. Vorteilhaft ist, dass ein sehr engmaschiges Netz an Akzeptanzstellen vorhanden ist, was bislang wohl auch auf eine relativ günstige Gebührenstruktur zurückzuführen gewesen sein dürfte. Wie sich die Gebührenreformierung aufgrund der EU-Verordnung 2015/751 (u.a. wurden dadurch die Gebühren für Transaktionen mit Debitkarten auf höchstens 0,2 % des Transaktionswerts begrenzt) in diesem Zusammenhang auswirken wird, bleibt abzuwarten.

- PayCash

Das mobile Bezahlsystem der PayCash Europe S.A. ist im Raum Düsseldorf an einigen Akzeptanzstellen einsetzbar und scheint über den Pilotstatus noch nicht hinausgekommen zu sein. Es bietet zahlreiche Ansätze für ein zukunftsfähiges Modell zum mobilen Bezahlen. Es ist sowohl als Prepaid-, als auch als Debitvariante verfügbar. Bonus- und Loyaltyprogramme können integriert werden. Der Nutzer hinterlegt einmalig auf dem Server seine sensiblen Daten. Die Übermittlung der Zahldaten findet mittels Barcode statt. Auch alle weiteren Transaktionen tangieren keine sensiblen Datenbereiche. Die Zahlungstransaktionen selbst finden direkt über die sicheren Server mit dem Acquirer statt. Alles in allem hat PayCash mit dieser App eine vergleichsweise gelungene Mobile Payment-Lösung geschaffen. PayCash geht bei der Abwicklung im POS-Kontext den Weg, dass der Nutzer den Betrag eingeben muss und die App daraufhin einen Barcode generiert, den der Zahlungsempfänger scannt (Merchant Scan-Prinzip). Das von PayCash präferierte System ist bereits bei Lufthansa Mobiletickets und der App der Deutschen Bahn bewährt.

- Starbucks

  Ende 2014 hat die amerikanische Kaffeehauskette Starbucks
  auch für seine deutschen Kunden die Möglichkeit zum
  Bezahlen per Mobiltelefon mit einem integrierten
  Treueprogramm geschaffen. Erforderlich sind ein Aufladen
  einer Kreditkarte sowie ein Kundenkonto. Zur Bezahlung
  scannen die sog. Barista (Zubereiter von Kaffe) einen Barcode
  vom Mobiltelefon (Merchant Scan-Prinzip). Sofern der Scan
  nicht klappt, dann empfiehlt Starbucks „lies dem Barista
  einfach die Nummer deiner Starbucks Card vor" (Starbucks
  2015). Die Sicherheitsstandards sind entsprechend eher
  geringer ausgeprägt. Zudem sind Umfang und Komfort der
  deutschen Applikation gegenüber der seit einigen Jahren in den
  USA im Einsatz befindlichen Applikation deutlich
  eingeschränkt. Noch zu erwähnen ist, dass sich Starbucks in
  den USA zwischenzeitlich von Square Inc., dem langjährigen
  Partner für mobiles Bezahlen, getrennt hat und nun wohl an
  einer eigenen Lösung für Mobile Payment arbeitet.

- CashCloud

  Das Prepaidsystem CashCloud dient in erster Linie dazu, Geld
  zwischen Cashcloudnutzern zu transferieren. Die Zahl der
  Akzeptanzstellen auf Handelsseite ist derzeit sehr gering. Erst
  durch die für den Benutzer kostenpflichtige Erweiterung um
  die Mastercard PayPass-Funktion mit NFC-Sticker kann dieses
  Bezahlsystem an allen Mastercard-Akzeptanzstellen verwendet
  werden. Somit gelten hier analog die Betrachtungen zu M-Pass,
  auch hier handelt es sich um kein echtes Mobile Payment im
  Sinne des Bezahlens mit dem Mobiltelefon am POS.

- Cringle

  Zusammen mit dem Partner DKB Bank hat die Berliner Cringle
  GmbH eine Applikation auf den Markt gebracht, mit der Geld
  per SMS zwischen Einzelpersonen transferiert werden kann.
  Eine Ausweitung zum Bezahlen am POS scheint derzeit noch
  keine Option zu sein. Darüber hinaus erscheinen
  volumenunabhängige Gebühren in Höhe von 0,10 € je
  Transaktion anachronistisch hoch.

- go4q

  Das Bezahlsystem der it-werke Service GmbH in Lahr bündelt
  PayPal, Kreditkarte und Girokonten als Bezahlmittel, benötigt
  händlerseitig jedoch eine eigene Infrastruktur, wodurch die
  Verbreitung erheblich eingeschränkt verbleiben dürfte.
  Prinzipiell basiert auch dieses System auf dem Scannen eines
  QR-Codes mit unsensiblen Daten zum Bezahlvorgang. Die
  Transaktion wird in der abgesicherten Serverumgebung
  ausgeführt.

- Kesh

  Dieses Mobile Payment-System ist der biw Bank für
  Investments und Wertpapiere AG in Willich zuzuordnen, einer
  100 prozentigen Tochter der Willicher XCOM Gruppe, einem
  Fintech-Anbieter mit Schwerpunkt auf Zahlungstransaktionen.
  Zur mobilen Bezahlung ist hier der vom Händler generierte
  Barcode vom Kunden mit Hilfe seines Smartphones zu
  scannen. Daneben bietet die Kooperation mit Mastercard (M-
  Pass) auch die Möglichkeit zur kontaktlosen Zahlung mittels
  NFC und dem Transfer zwischen M-Pass-Nutzern. Für den
  Verbraucher fallen keine Kosten an, außer es findet ein Transfer
  an Privatpersonen statt. Kesh ist derzeit im Offlinehandel wohl
  nur an etwa 100 Akzeptanzstellen in Deutschland einsetzbar.

- Paij

  Die ehemalige Wiesbadener redpixtec (jetzt paij GmbH) betreibt mit paij ein mobiles Bezahlsystem, das mit nicht in der App hinterlegten Daten von Bank- oder Kreditkartenkonten arbeitet.

  Der Handel erstellt einen QR-Code, der Kunde scannt diesen und die Applikation leitet die Information an die eigenen Server weiter. Dort wird mit Hilfe der hinterlegten Daten die Transaktion generiert. Die Möglichkeit einer P2P-Transaktion, also Geld von einer Person zu einer anderen zu transferieren, ist hier ebenfalls integriert. Das vor allem von den etwa 15.000 an Taxi Deutschland angeschlossenen Taxiunternehmen akzeptierte System ist prinzipiell gelungen. Das Gebührenmodell scheint sich jedoch an PayPal anzulehnen und ist für viele, gerade kleinere Handelsunternehmen, derzeit noch zu teuer. In diesem Zusammenhang ist zu erwähnen, dass der Acquiringpartner das Schweizer Unternehmen SIX ist. Durch eine konsequente Nutzung des schweizerischen EP2-Systems (Electronic Payment 2), welches den Zwischenschritt über den technischen Netzbetreiber umgeht, könnten Transaktionskosten nahezu eliminiert werden.

- payfriendz

  Diese britische Mobile Payment-Applikation wurde zunächst primär für den Geldtransfer unter Einzelpersonen entwickelt. Sie basiert auf dem Prepaid-Wallet Prinzip und arbeitet nach banküblichen Sicherheitsstandards. Die Zusammenarbeit mit Mastercard ermöglicht, in allen Onlineshops, die Mastercard akzeptieren, ebenfalls mit Payfriendz zu bezahlen. Ein flächendeckendes Roll-Out am POS scheint nach aktueller Recherche jedoch derzeit nicht in Sicht.

- SEQR

  Die App SEQR des schwedischen Unternehmens Seamless (in etwa 30 Ländern aktiv mit mehr als 3 Millionen Transaktionen bei über 500.000 Akzeptanzstellen) bietet neben dem reinen Zahlen auch eine Belegverwaltung sowie eine Cashback-Funktion. Auch der Geldtransfer zwischen Einzelpersonen ist möglich. Die Funktionsweise ist vergleichsweise einfach. Der Handel liefert einen QR-Code, die Zahlung erfolgt mittels Scan des Codes sowie Eingabe der PIN und wird dabei im sicheren Hintergrundsystem über das hinterlegte Referenzkonto abgewickelt. Eine Recherche ergab, dass sensible Daten offensichtlich auf dem Smartphone gespeichert werden. Dies könnte ein zentraler Stolperstein für eine flächendeckende Akzeptanz in Deutschland werden.

- SQWallet

  Das System SQWallet der mr. commerce GmbH in Flensburg in Kooperation mit barcoo basiert ebenfalls auf einem Datenweitergabebruch. Am Kassenterminal des Handels wird ein Barcode ausgedruckt, der Kunde scannt diesen und die App übermittelt an die sicheren Server lediglich unsensible Daten. Von dort wird im sicheren System die eigentliche Transaktion durchgeführt. Derzeit scheint die TÜV-zertifizierte Applikation über Lastschriftverfahren zu funktionieren, wodurch die Kosten für den Handel begrenzt werden sollten. Bis jetzt scheint SQWallet jedoch kaum über die Pilotregion Osnabrück hinausgekommen zu sein und ist vielleicht eher bereits bei den gescheiterten Lösungen einzuordnen.

- Payback

  Das gemäß dem Marktforschungsinstitut TNS Emnid wohl mit Abstand beliebteste Bonusprogramm in Deutschland scheint ebenfalls den Einstieg in den Markt für Mobile Payment-Lösungen zu planen. Abgesehen von dem wohl gewählten Partner UMT AG aus München sind jedoch keine weiteren Details bekannt. Der zunächst für 2015 geplante Markteinstieg wurde auf Frühjahr 2016 verschoben.

- Google Wallet sowie Android Pay

Als Nachfolger von Google Checkout wurde im Mai 2011 die Google Wallet gelauncht mit der Option, nun mit dem Mobiltelefon auch im stationären Handel (und nicht nur Online) bezahlen zu können. Analog beispielsweise mpass war die bisherige Lösung allerdings auf sog. NFC-Sticker beschränkt und entsprach damit nicht der einleitend verwendeten Definition von Mobile Payment. Eine Markteinführung in Deutschland ist zudem bis dato nicht erfolgt.

Derzeit wird erwartet, dass mit der im Sommer 2015 vorgestellten neuen Android Pay-App eine Bezahlung über den inzwischen in zahlreichen Mobiltelefonen integrierten NFC-Chip möglich sein wird und dann von Google auch ein Markteintritt in den deutschen POS-Bezahlmarkt erfolgt. Es ist ferner davon auszugehen, dass dann zum Bezahlen bzw. Aufladen der mobilen Geldbörse nicht mehr zwingend eine Kreditkarte hinterlegt werden muss, sondern auch ein Bankkonto referenziert werden kann. Hinsichtlich der Prognose zum Erfolg im deutschen Markt ist die Anmerkung bei Apple zu beachten.

- Apple Pay

Auch Apple Pay setzt auf NFC-Technologie in Verbindung mit einer Zahlungsbestätigung per Fingerabdruck-Scan. Entsprechende Antennen sind in den Geräten der neuen

Generation (iPhone 6+) bereits integriert, werden aber wohl nur für die eigene und keine andere mobile Bezahltechnologie nutzbar sein. Dieses keineswegs nutzerfreundliche Serviceverhalten ist für die Marke Apple durchaus charakteristisch und scheint den Erfolg (zumindest aktuell) noch nicht zu beeinträchtigen. Aufgrund hoher Nutzungsgebühren ist Apple Pay in den USA bereits in die Kritik geraten. Ob und wann ein Markteintritt in Deutschland erfolgen wird, ist derzeit noch nicht absehbar.

Google und Apple sind beide Giganten, die allein aufgrund ihrer Kapitalkraft auch nach einem längeren Misserfolgszeitraum wohl nicht so schnell wie beispielsweise Yapital aufgeben müssten. Ob die beiden allerdings überhaupt den deutschen POS-Mobilbezahlmarkt erobern möchten, ist fraglich. Selbst wenn die deutschen Verbraucher sich mit mobilem Bezahlen anfreunden können sollten, so scheinen sie bei diesem Thema ausnahmsweise unter anderem genau diesen beiden Unternehmen nicht zu vertrauen, sondern eher PayPal sowie den Banken und Sparkassen, vgl. dazu z.B. die Studienergebnisse von Kleine et al. (2012, S. 3f.), Kreimer/Rodenkirchen (2010, S. 14) sowie Mosig (2012, S. 99).

- Samsung Pay mit Tochterunternehmen LoopPay

Die mobile Bezahllösung des derzeitigen Marktführers für Mobilfunkgeräte startete im August 2015 in Südkorea und ist seit September 2015 auch in den USA verfügbar. Herzstück der mobilen Bezahllösung ist eine sog. Magnetic Secure Transmission (MST), die im Samsung-Konzern seit der Übernahme von LoopPay Anfang 2015 verfügbar ist. Das Signal eines POS-Magnetstreifenlesers spricht durch eine Erzeugung von wechselnden Magnetfeldern in einem kurzen Zeitraum das Mobiltelefon an, das wiederum durch ein Signal das Magnetfeld in der Form verändert, wie es beim Durchziehen einer Magnetstreifenkarte entstehen würde.

Weil in den USA die Mehrzahl der Bezahlterminals nach wie vor nur mit Lesegeräten für Magnetstreifen ausgestattet ist, funktioniert diese Lösung dort sehr gut. Ein Erfolg in Deutschland darf bezweifelt werden. Selbst wenn die in Abschnitt 4.1. dargestellten Nachteile der Magnetstreifentechnologie bei einer lediglichen Simulation eines Magnetfeldes nicht zutreffen sollten und entsprechende Reader an den POS-Terminals noch für längere Zeit verfügbar sein sollten, so darf angenommen werden, dass bei Händlern und Verbrauchern allein das Stichwort „Magnetstreifen" bereits zu einer Assoziation mit einer veralteten Lösung führen wird und damit zumindest der Markteinstieg nicht einfach werden wird. Die bei Samsung (2015c) visualisierte Verfahrenslösung in drei Schritten erscheint relativ einfach anwendbar. Die Autorisierung per Fingerprintscan wurde im Praxiseinsatz selbst erfolgreich erprobt und wird als ein Baustein für eine Mobile Payment-Lösung empfohlen.

- Aldi-Nord sowie weitere Händler

Im Juni 2015 hatte Aldi-Nord gleichsam überraschend wie medienwirksam verkündet, dass flächendeckend in allen etwa 2400 Filialen und unabhängig vom Einkaufsbetrag ab sofort auch Zahlungen unter anderem mit NFC-fähigen Smartphones akzeptiert werden würden. Zur Bezahlung muss das mit einer entsprechenden App ausgerüstete NFC-fähige Smartphone nur noch über das Display des Terminals gehalten werden. Wenige Sekunden später soll der Zahlvorgang sicher abgeschlossen sein. Eine Unterschrift oder die Eingabe einer PIN werden erst ab einer Kaufsumme von 25 € erforderlich.

Erst in den sog. FAQs erfahren Interessierte, dass es sich hierbei allerdings (natürlich) um keine eigene mobile Bezahllösung handelt (vgl. Aldi-Nord 2015). Zur Nutzung dieser neuen Zahlungsoption benötigen Kunden eine Wallet-App eines Mobilfunknetzbetreibers oder eine Applikation wie beispielsweise mpass. Nähere Ausführungen zu allen Antworten auf die Frage „Welche Wallet-Apps werden unterstützt?" finden sich in Abschnitt 5.2., bei den (zumindest derzeit) gescheiterten Lösungsansätzen. Funktional ist somit auch bei diesem Angebot (wenn überhaupt) daher vorerst wohl nur die Lösung mit NFC-Stickern und damit keine Mobile Payment-Lösung im engeren Sinne.

Aldi-Nord akzeptiert und unterstützt damit wie andere bekannte Händler wie beispielsweise die Metro-Group (Galeria Kaufhof und MediaSaturn), die Rewe-Group (vgl. hier auch die QR-Lösung mit Yapital), OBI, Kaiser´s und Penny die NFC-Technologie, hat mit dieser aber ebenso wie die anderen Genannten bislang keine zufriedenstellende und keine übergreifende Mobile Payment-Lösung gefunden.

- Netto und Postpay

Bei der Discounter-Kette Netto ist kontaktloses Bezahlen mit dem Mobiltelefon ebenso wie bei deren Mutterunternehmen Edeka im Grundsatz bereits funktional. Anstelle einer NFC-Technologie präferiert der Einzelhandelskonzern Scan- bzw. Code-Lösungen in Verbindung mit einer eigenen Applikation. Gutschein- bzw. Loyalty-Programme stehen dabei im Fokus, die Bezahllösung rückt in der Applikation mindestens optisch fast in den Hintergrund.

Netto hat eine App entwickelt, bei der beim Bezahlvorgang kein Barcode gescannt wird, sondern für jeden Einkauf auf dem Mobiltelefon-Display des Kunden nach dem Check-in im Markt in Verbindung mit der Nutzer-ID ein individueller, vierstelliger, aber lediglich für fünf Minuten gültiger Code generiert wird, der dann von der Kassenkraft in das System eingegeben wird und einen Abbuchungsprozess (Lastschrift) einleitet. Der Kooperationspartner für die Zahlungsverkehrsdienstleistung ist Postpay von der Deutschen Post. Zur Bestätigung der Bezahlung wird abschließend der Kassenbon auf das Smartphone übertragen. Die Lösung ähnelt auffällig der 2010 aufgrund der fehlenden Migration auf Smartphones und des damit vermutet zusammenhängenden Aufwandes eingestellten Lösung rea-dy der REA Mobile AG. Das maximale Gesamteinkaufvolumen für kontaktloses Bezahlen pro Woche beträgt 250 Euro. Aufgrund der zeitbegrenzten Gültigkeit des generierten Bezahlcode wird eine Aktivierung der Applikation erst in der Nähe des Kassenbereichs empfohlen. Ein Bezahlen bei konzernfremden Händlern ist derzeit ebenso wie eine Bezahlung bei einer fehlenden Mobilfunkverbindung noch nicht möglich. Ansonsten ist diese Lösung trotz technischer Begrenzungen vollständig funktional und damit ein erfreuliches, praxiskonformes Positivbeispiel.

- Edeka und Valuephone

Bei der Netto-Konzernmutter Edeka stehen (für einzelne Filialen und damit noch nicht flächendeckend) im Grundsatz zwei technische Lösungen zum mobilen Bezahlen zur Verfügung. Entweder es wird wie bei der Netto-App eine eindeutige Nummer oder ein Barcode auf dem Mobiltelefon (bei einer ausreichenden Funkverbindung) generiert, der dann von dem Verkaufspersonal an der Kasse erfasst wird (Merchant Scan-Prinzip). Im Anschluss wird der zu zahlende Betrag von dem in der App hinterlegten Konto abgebucht. Alternativ wird auf dem Smartphone über eine App ein Barcode hinterlegt, der zur Bezahlung über den Kassenscanner gezogen wird (Customer Scan-Prinzip). Durch dieses Scannen werden im Warenwirtschaftssystem die nach einer Registrierung auf dem Gerät gesicherten Kontodaten abgerufen, mit dem Einkauf verknüpft und daraufhin per Lastschrift abgebucht. Der Kunde erhält auch hier zusätzlich den Kassenbon auf sein Smartphone.

Zur technischen Realisierung des Zahlungsverkehrs (letztlich auch hier ein traditionelles Lastschriftverfahren) und der Couponabwicklung kooperiert Edeka mit Valuephone sowie der Deutschen Post Zahlungsdienstgesellschaft (DPZ). Durch die Nutzung eines Valuephone-Accounts kann nach der Registrierung im Prinzip auch bei anderen Partnerunternehmen von Valuephone mobil bezahlt werden.

Aufgrund einer erforderlichen Code-Eingabe wird dieses Bezahl-Verfahren als ähnlich sicher wie eine EC- oder Kreditkarte angesehen.

6. Konzeption eines Umsetzungsmodells

6.1. Zusammenfassende Ausgestaltungsüberlegungen

Für eine Marktetablierung der vierten Zahlungsmittelgeneration (Mobile Payment) am stationären Point-of-Sale (POS) gibt es bereits zahlreiche Ansätze. Allen ist gemeinsam, unabhängig davon, in welcher Lebenszyklusphase sie sich befinden, dass bislang keiner Lösung ein Durchbruch gelang. Vermeintlich bereits etablierte Produkte von Großkonzernen wie beispielsweise Yapital der Versandhandelsgruppe Otto oder MyWallet der Deutschen Telekom wurden zwischenzeitlich sogar wieder eingestellt.

Unter Abwägung aller Vor- und Nachteile innerhalb der angeführten Argumentation ergibt sich die Handlungsempfehlung, dass Handelsunternehmen ihren Kunden die Nutzung des Zahlungsinstruments Mobile Payment ermöglichen sollten. Neben einer Verbesserung des Unternehmensimages ist davon auszugehen, dass neue Kundengruppen und damit weitere Wachstumspotenziale erschlossen, die Bindung sowie Kommunikation mit bestehenden Kunden gestärkt und damit eine Abwanderung verhindert sowie eine angestrebte Wettbewerbsdifferenzierung vorgenommen werden können. Es verbleibt somit nicht mehr die Frage des ob, sondern wie eine Umsetzung erfolgen sollte.

Nachfolgend wird unter Berücksichtigung der identifizierten Rahmen- und Erfolgsbedingungen (vgl. Kap. 2 und 3), der dargestellten technischen Möglichkeiten (vgl. Kap. 4) sowie der bisherigen Erfahrungen (vgl. Kap. 5) ein Umsetzungsmodell für eine Mobile Payment-Lösung konzipiert, das nach einem mehr als einem Jahrzehnt andauernden Bemühen (endlich) Erfolg bringen könnte.

Bevor die Ergebnisse zu einem konkreten Umsetzungsmodell zusammengeführt werden können, sind jedoch zunächst die einzelnen Bestandteile herauszuarbeiten:

a) Transaktionssicherheit

Der Kunde muss eine Lösung erhalten, die als sicher empfunden wird. Das Sicherheitsempfinden kann in die Einzelkomponenten Datenübertragung (vgl. b), Datenpooling (vgl. c) sowie Kooperationsverbund (vgl. d) unterteilt werden.

b) Datenübertragung

Direkte Bezahlvorgänge können durch Sicherheitsrichtlinien komplexer und anfälliger für Risiken werden, wenn Zahlungsdaten auf dem mobilen Endgerät gespeichert und dann mit einer Gegenstelle kommuniziert werden. Aus Gründen der Datensicherheit ist daher von einer Vorteilhaftigkeit auszugehen, wenn zwischen dem Zahlenden und dem Empfänger einer Zahlung eine Applikation zwischengeschaltet ist.

Eine Kommunikation zwischen Handel (meist Kasse) und Mobiltelefon muss in irgendeiner Form stattfinden, um die Zahlungstransaktion auszulösen. NFC- und QR-Technologie scheinen dafür am besten geeignet zu sein.

QR-Lösungen besitzen den Vorteil, dass die dafür erforderliche Technik in der Regel bereits vorhanden ist und somit keine Infrastrukturinvestitionen bedingt. Die Kombination von QR-Code und Smartphone bietet darüber hinaus die Sicherheit, dass die im QR-Code enthaltenen Daten über die Kasse und den Betrag verschlüsselt gemeinsam mit der aus der SIM stammenden Kartennummer, der Mobilfunknummer und der eindeutigen MAC-Adresse (der Gerätenummer) übergeben werden und keine Funkverbindung aufgebaut werden muss. Die Sicherheit beim Datentransfer wird hierdurch gewährleistet.

Vorteil der Übertragung unsensibler Daten mittels der allerdings noch nicht ausreichend standardisierten NFC-Technologie ist die extrem hohe Abwicklungsgeschwindigkeit, allerdings sind eventuell Investitionen für die Umrüstung der Kassen zu tätigen. Smartphones sind heute bereits weitgehend auf einen NFC-Einsatz vorbereitet. NFC-Zwischenlösungen mit Tags sind aufgrund von Sicherheitsaspekten nur anzustreben, wenn unsensible Informationen transferiert werden. Daher wird für ein sofort großflächig etablierungsfähiges Modell der ausreichend standardisierte QR-Code als Mittel der Wahl betrachtet.

Weil wohl nicht einmal 10 % der Konsumenten bereit wären, bei einer unbaren Zahlungsweise generell auf eine PIN-Eingabe zu verzichten, es jedoch auch keine eindeutig definierte Betragshöhe gibt (z.B. 20, 50 oder 100 Euro), ab der die Mehrheit der Nutzer eine PIN-Eingabe befürwortet (und darunter ablehnt), sollte eine persönliche Konfiguration innerhalb vorgegebener Grenzen möglich sein (vgl. Wiedemann/Goeke/Pousttchi 2008, S. 10f.). Einfacher, bei zugleich höherer Sicherheit erscheint in diesem Zusammenhang jedoch eine Lösung, bei der alle Transaktionen betragsunabhängig vom Kunden kurz per Fingerabdruckscan freigegeben werden.

c) Datenpooling

Um den Datenbruch zu gewährleisten und nur noch unsensible Daten zu kommunizieren, bedarf es eines geeigneten Datenpools. Die Bundesbank oder PayPal wären hier erste Wahl bei den Befragungsteilnehmern gemäß Mosig (2012, S. 117), scheiden aufgrund ihrer Rolle als lediglicher Mittler (Bundesbank) bzw. aufgrund ihres derzeit nicht tragfähigen Gebührenmodells (PayPal) aus. In Frage kämen aufgrund der schon bestehenden Verbindungen auch die Banken, die ohnehin bereits über Konteninformationen verfügen und alle Transaktionen in den sicheren Bankennetzen kostengünstig durchführen könnten. Auch Telekommunikationsunternehmen kämen als Mittler in Frage, ihnen wird von Seiten der Verbraucher allerdings ein geringeres Vertrauen entgegengebracht.

d) Kooperationsverbund

Bei dem Thema Mobile Payment vertrauen Kunden bekannten Internetgiganten wie Amazon, Apple, Facebook oder Google eher weniger und würden Lösungen von Banken und Sparkassen oder von PayPal präferieren.

Des Weiteren wünschen Kunden, dass sich möglichst eine Lösung durchsetzt, die flächendeckend bei nahezu allen Händlern zur mobilen Bezahlung eingesetzt werden kann. Dies bedingt letztlich einen umfassenden Kooperationsverbund verschiedener Stakeholder, der auch divergierende Interessen zusammenzuführen vermag. Bis sich ein solcher Kooperationsverbund findet (sofern dies überhaupt gelingen kann), erscheint es unter anderem auch zur Verbesserung der späteren Verhandlungsposition für einzelne Händler zielführend, auch eigene Insellösungen zu etablieren.

e) Anwendungskomplexität

Eine Applikation, die einen QR-Code ausliest und die enthaltene Anweisung sofort ausführt, ist zweifelsfrei einfach zu handhaben. Verifizierungen mittels eines kurzen Tastendrucks oder per Fingerprintscan, der in den meisten neuen Smartphonemodellen enthalten ist, würden mindestens die gefühlte Sicherheit weiter erhöhen. Auch die Erfüllung der Vorgabe einer einfachen Anwendbarkeit ist mittels Kamera- (für QR-Codes) oder NFC-Nutzung als unproblematisch anzusehen.

f) Transaktionsgeschwindigkeit

Durch die Verwendung von QR-Codes, NFC sowie Self- oder Prescanning kann die Geschwindigkeit beim Bezahlvorgang an den Kassen erhöht werden. In Coffee-Shops oder Eisdielen könnte bereits vorher per Code-Shopping die Zahlung durchgeführt werden und die Bestätigung vom Kassensystem per Scanner oder über NFC vom Mobiltelefon ausgelesen werden. Als einer der stärksten Treiber ist die Geschwindigkeit des Zahlvorganges wichtig zur Erhöhung der Nutzungsbereitschaft.

Nach der Implementierung einer Lösung wird empfohlen (sofern möglich), in einer Übergangsphase für Mobile Payment ein eigenes Kassenterminal zu reservieren. So können die zunächst mit Sicherheit noch unsicheren Kassenkräfte und Kunden ohne den üblichen erheblichen Transaktionsgeschwindigkeitsdruck eines normalen Kassenterminals an die neue Bezahllösung herangeführt werden. Ein vorschnelles Aufgeben kann dadurch ebenso wie ein nicht versuchen wollen tendenziell verhindert werden.

g) Gebühren sowie Infrastrukturinvestitionen

Für den Kunden muss das Modell kostenfrei bleiben, da dies auch bei den Zahlungsalternativen der Fall ist.

Hinsichtlich sonstiger Aspekte noch so vorteilhafte Mobile Payment-Lösungen werden von Handelsunternehmen nicht realisiert werden, sofern die Transaktionsgebühren signifikant höher sind als bei herkömmlichen Lastschriftzahlungsvarianten oder wenn hohe Investitionen in die Kasseninfrastruktur erforderlich werden. Eine Integration in die vorhandenen Kassensystemlösungen ist daher anzustreben. Um zu verhindern, dass Händler zur Risikoreduktion die Anzahl an mobilen

Transaktionen begrenzen bzw. nicht aktiv bewerben, sollte auch Mobile Payment mit einer Zahlungsgarantie verbunden sein.

Bei einer Gesamtzahl von mehreren Milliarden sollte eine einzelne Transaktion zu Kosten um 0,01 € und darunter abgewickelt werden können. Große technische Netzbetreiber können dies bereits jetzt für 0,012 € anbieten. Dadurch würde auch für beispielsweise Bäckereien und Kioskbetreiber die Möglichkeit geschaffen, ein bargeldloses Mobile Payment zu akzeptieren.

h) Zusatzleistungen bzw. Anwendungsmehrwert

Aufgrund einer nicht offensichtlich erkennbaren Vorteilhaftigkeit gegenüber einer Zahlung mit Bargeld, sollte sich für den Verbraucher bei der Nutzung von Mobile Payment ein festzulegender Mehrwert ergeben.

Neben Rabatten und Gutscheinen kann dies beispielsweise auch eine leicht nachvollziehbare Budgetübersicht sein, die über Kassenbon- bzw. Ausgabenanalysen auf Wunsch weitere Haushaltsbuchinformationen für den Nutzer bereitstellt. Das Display eines Mobiltelefons eröffnet hier Nutzungsoptionen, die mit EC- und Kreditkarten nicht möglich sind.

Gerade der gegenwärtig zunehmende Bedarf von Verbrauchern, über Produkte und deren Inhaltsstoffe mehr Informationen zu erhalten bzw. sich in großen Märkten überhaupt orientieren zu können und den Standort von Artikeln zu erfahren, kann mit Mobilapplikationen gedeckt werden. Personalkosten, die ansonsten erforderlich wären, um den Kunden diese Informationen zur Verfügung zu stellen, können dadurch eingespart werden.

Ein mobiles Bezahlmodell, das von Handelsunternehmen und Verbrauchern gleichermaßen akzeptiert und angewendet wird, ist somit eine Applikation, die schnell aufrufbar ist, die Bar- und QR-Codes erfassen kann und die nach einer Fingerabdruckbestätigung an einen Zahlungsdienstleister eine Zahlungsaufforderung sendet. Der Zahlungsdienstleister wiederum gibt die Bestätigung der Zahlung an den Zahlungsempfänger zurück und bestückt die Applikation daraufhin mit korrespondierenden Gutscheinen oder sonstigen Vorteilen. Das angewendete Bezahlmodell sollte nicht signifikant teurer sein als eine garantierte Lastschriftzahlung und sollte für den Handel ebenfalls mit einer Zahlungsgarantie verbunden sein. Der Zahlungsdatenpool muss von einer Organisation verwaltet werden, die das Vertrauen der Kunden genießt. Auf eine Übertragung von sensiblen Daten mittels unsicherer Techniken wird verzichtet.

Die beiden grundlegend möglichen Funktionsweisen des Modells werden nachfolgend illustriert:

Modellvariante 1 (Customer Scan-Prinzip, vgl. Abbildung 14): Der Kunde scannt innerhalb einer Applikation den QR-Code, den die Kasse per Bon oder auf einem Bildschirm generiert hat. Die Applikation übersendet die Zahlungsanweisung an den Datenpool, dieser bestätigt die Zahlung an die Kasse zurück.

Modellvariante 2 (Merchant Scan-Prinzip, vgl. Abbildung 15): Die Applikation des Mobiltelefons generiert einen QR-Code, der die für das Auslösen einer Zahlung notwendigen Informationen für den Zahlungsdatenpool beinhaltet. Dieser Code wird vom Kassenscanner gelesen. Aus dem System des Händlers werden diese Informationen mit Betrag und Empfängerinformation an den Datenpool geschickt. Dieser übermittelt eine Rückbestätigung an Kasse und Applikation.

Abbildung 14	Abbildung 15
Modellvariante 1	**Modellvariante 2**

Bildquelle: Mosig/Sommer (2014), S. 156   Bildquelle: Mosig/Sommer (2014), S. 157

Während Variante 2 für Vorautorisierungen und zur Beschleunigung des Transaktionsvorgangs sinnvoll werden kann, ist Variante 1 zur Durchführung insgesamt einfacher und schneller realisierbar, da bereits heute fast alle Kassensysteme (mindestens auf dem Kundenbeleg) einen QR-Code ausweisen können. Variante 1 kann also auch ohne eine Scannerkasse oder Displays betrieben werden. Auch Kassensysteme, die als Applikation auf Tablets installiert sind, können auf diese Weise problemlos genutzt werden.

Auf Basis der zu erwartenden hohen Transaktionszahlen (ausgehend von etwa 217 Mrd. Bartransaktionen) bietet Mobile Payment ein enormes Potenzial, auch für junge und technisch orientierte Unternehmen. Selbst bei einer Marge von nur 0,1 Cent würden bei Transaktionsgebührenumsätzen (diese entsprechen nicht den Handelsumsätzen) im Einzelhandel von ca. 420 Mio. € noch Profite in Höhe von etwa 44 Mio. € p.a. erwartet. Wenn die Marge auf 0,5 Cent angepasst wird sowie ausgelassene Handelssegmente und eine Kannibalisierung anderer Zahlungsmittel ebenso wie eine grenzüberschreitende Ausbreitung im SEPA-Raum mit in diese

Betrachtungen einbezogen werden, können sich sogar noch deutlich höhere Potenziale ergeben (vgl. Mosig/Sommer 2014, S. 158f.).

Nach der erfolgten Konzeption eines Umsetzungsmodells erfolgt an dieser Stelle die Anregung an Händler, Mobile Payment nicht nur als reine Zahlungslösung anzusehen, sondern dieses Thema in eine umfassende Mobilitätsstrategie zu integrieren. Smartphones eröffnen aufgrund des vorhandenen Displays (darüber verfügen weder EC-, noch Kreditkarten) bislang nicht mögliche Chancen zur Interaktion mit Kunden. Neben einer Steuerung von kundenindividuellen Kommunikationsmaßnahmen können den Kunden Mehrwerte in Form von beispielsweise Gutscheinen, analysierbaren digitalen Kassenzetteln, Indoor-Maps zum Finden von Artikeln, aber auch zur Auswahl und Bestellung von Produkten von Zuhause angeboten werden. Des Weiteren könnten auch die bislang stationären Kassensysteme um mobile Point-of-Pay ergänzt bzw. perspektivisch sogar von diesen ersetzt werden. Der Kunde müsste dann nicht länger zur ungeliebten Kasse gehen, sondern diese würde zu ihm ans Warenregal kommen. Herausforderungen wie das Entfernen der Warensicherung, der Druck des Kassenbons sowie das Verpacken der Ware sind dabei noch zu lösen (vgl. Hodel/Janz 2015, S. 5f. sowie ibi research 2015b).

6.2.   Fazit und Ausblick

Die Marktdurchdringung von Smartphones ist im Jahr 2015 bereits so hoch, dass wohl unbestritten davon ausgegangen werden kann, dass diese aus dem Privat- und Geschäftsalltag nicht mehr wegzudenken sind und rein rechnerisch bald jeder Bundesbürger mindestens eines besitzen wird. Es erscheint folglich nur noch eine Frage der Zeit, wann eine signifikante Anzahl der mit dem Einsatz von mobilen Applikationen sehr vertrauten Nutzer von ihren präferierten stationären Handelsunternehmen auch mobile Zahlungslösungen einfordern werden.

Stand heute ist der Anwendungsbereich des bargeldlosen Bezahlens mittels Mobiltelefonen am Point-of-Sale (POS) noch nicht einmal erwähnenswert, der gerundete Transaktionsanteilswerts liegt bei 0,00 %. Die in dieser Arbeit aufgezeigten Analysen ergeben jedoch, dass die sinnbildlich formulierte Annahme, dass bereits morgen dieser Nutzungsanteil signifikant anwachsen wird, keinesfalls abwegig erscheint. Handelsunternehmen, die eine Vorreiterrolle bei der Einführung von innovativen Zahlungsangeboten übernehmen, können bei einer zeitnahen Umsetzung noch Wettbewerbsvorteile generieren (sog. First Mover Advantages). Nachzüglern drohen kaum wiedergewinnbare Marktanteilsverluste auch bei den Kundengruppen, die diese Innovation noch nicht einmal selbst anwenden wollen oder werden. Die Vermutung von etlichen stationären Händlern, dass es sich lediglich um eine Art temporäre „Modeerscheinung" (Trend) handelt, wird sich mit hoher Voraussicht nicht erfüllen, dafür sind heutzutage selbst ältere Zielgruppen (sog. Best, Silver or Golden Ager) bereits zu technik- bzw. smartphoneaffin. Ähnlich wie bei Top 5-Applikationen wie WhatsApp Messenger oder Facebook (vgl. Google Play 2015) warten Ältere auch hier vielleicht nur darauf, dass Jüngere ihnen Funktionsweise und Vorteilhaftigkeit vorführen (z.B. an der Supermarktkasse), um dann fortan ebenfalls diese innovative Zahlungsform zu nutzen.

Im Hinblick auf eine langfristige Potenzialprognose ist allerdings auch darauf hinzuweisen, dass es Mobile Payment innerhalb der kommenden Dekade wohl keinesfalls gelingen wird, Bargeld als präferiertes Zahlungsinstrument abzulösen. Ohne exogene Schocks wie beispielsweise einer Umsetzung der bereits medienwirksam kolportierten (weitgehenden) Abschaffung von Bargeld ist davon auszugehen, dass dem Mobile Payment zwar eine Marktetablierung mit signifikanten Marktanteilen gelingen, dieses Bezahlverfahren allerdings zunächst vergleichbar mit dem Bereich der Biolebensmittel lediglich in einem (durchaus für alle Beteiligten vorteilhaften) Nischensegment verbleiben wird. Vielleicht wird sich bis dahin aber auch der erfrischend vollständig andere Ansatz einer Share-Economy von Schneck/Buchbinder (2015) massentauglich etabliert haben und Geld sowohl als Bar-, als auch als Buchgeld eine deutlich geringere Bedeutung haben als heute.

Stationäre Einkaufsstätten unterliegen disruptiven Tendenzen durch zunehmende Verlagerungen von Präsenzeinkäufen hin zum Einkauf über das Internet (E-Commerce). In der kommenden Dekade werden viele Offline-Anbieter wohl in zunehmenden, aber keinesfalls vollständigen Ausmaß von Amazon & Co. aus dem Markt gedrängt werden. Insbesondere Händler, die sich Innovationen verweigern und „seit Jahrzehnten auf abgenutzte Ladenformate" (Schlautmann 2014) vertrauen, werden zur Schließung gezwungen sein. Es werden diejenigen Point-of-Sales-Standorte überleben, denen es gelingt, bei den Kunden einen Erlebnismehrwert zu generieren. Eine erfolgreiche Etablierung von Mobile Payment wird allerdings letztlich nur gelingen können, wenn die Kunden einen konkreten Nutzen entweder in Form von Erlebnismehrwerten, Sachgeschenken oder in Form pekuniärer Anreize erhalten. Darüber hinaus sollte diese Lösung in eine umfassende Mobilitätsstrategie integriert werden.

Die Arbeit schließen möchten wir in diesem Zusammenhang mit einem Zitat aus einem internationalen Marketing-Standardwerk, das auch bereits einleitend als Quelle diente. Im Rahmen einer erforderlichen Berücksichtigung der emotionalen Perspektive bei der Konsumentenverhaltensforschung haben Kotler et al. (2012) auf S. 266 formuliert, dass Unternehmen nicht weniger gelingen muss, als bei den Kunden „to fulfil a desire and to obtain pleasure in life".

Literaturverzeichnis

Hinweis: Die Inhalte sämtlicher Online-Quellen wurden am 16.01.2016 nochmals einheitlich verifiziert. Auf entsprechend obsolete Zugriffsdatenangaben konnte daher verzichtet werden.

Aldi-Nord (2015): Bargeldlos bezahlen, Meldung ohne konkrete Datumsangabe, Online unter http://www.aldi-nord.de/aldi_bargeldlos_bezahlen_321.html.

Apple Inc. (2015): Annual Report pursuant to section 13 or 15(d) of the securities exchange act of 1934 for the fiscal year ended September 26, 2015 (Form 10-K), Online unter http://files.Shareholder.com /downloads/AAPL/931257034x0x857225/7D58F9C1-092A-42FC-8C55-4E8B647E5FE9/2015_Form_10-K_As-filed_.pdf.

BaFin [Bundesanstalt für Finanzdienstleistungsaufsicht] (2015): Liste der zugelassenen Kreditinstitute, Stand: 15.12.2015, Online unter http://www.bafin.de/SharedDocs/Downloads/DE/Liste/ Unternehmensdatenbank/dl_li_ki_gesamt.html?nn=2696482.

BBankG (2013): Gesetz über die Deutsche Bundesbank, Stand 04.07.2013, Online unter http://www.gesetze-im-internet.de/ bbankg/.

Becker, Leo (2015): NFC - Apple übernimmt aktive Rolle bei der Weiterentwicklung der Funktechnik, in: Heise Online am 13.08.2015, Online unter http://www.heise.de/mac-and-i/meldung/NFC-Apple-uebernimmt-aktive-Rolle-bei-der-Weiterentwicklung-der-Funktechnik-2778588.html.

Bender, Hanno (2013): Rewe startet „still" mit Yapital-Handybezahlung, Meldung vom 05.12.2013, Online unter http://www.derhandel.de/news/technik/pages/mPayment-Rewe-startet-still-mit-Yapital-Handybezahlung-10228.html.

Bibliographisches Institut (o.J.): Magnetstreifen, Online unter http://www.duden.de/rechtschreibung/Magnetstreifen.

Capgemini/Royal Bank of Scotland (2015): World Payments Report 2015, Online unter https://www.worldpaymentsreport .com/download.

Chen, Lei-Da (2008): A model of consumer acceptance of mobile payment, in: International Journal of Mobile Communications, Vol. 6, Issue 1, January 2006, pp. 32-52.

Deutsche Bundesbank (2015a): Das Buchgeld, Online unter https://www.bundesbank.de/Redaktion/DE/Dossier/Service/sch ule_und_bildung_kapitel_3.html.

Deutsche Bundesbank (2015b): Zahlungsverhalten in Deutschland 2014 - Dritte Studie über die Verwendung von Bargeld und unbaren Zahlungsinstrumenten, Online unter https://www.bundesbank.de/ Redaktion/DE/Downloads/Veroeffentlichungen/Studien/zahlung sverhalten_in_deutschland_2014.html.

Deutsche Bundesbank (2015c): Abschaffung des Bargelds löst Wachstumsschwächen nicht, Online unter https://www.bundes bank.de/Redaktion/DE/Themen/2015/2015_06_17_abschaffung_b argeld_wachstumsschwaechen.html.

Deutsche Bundesbank (2015d): Zahlungsverkehrs- und Wertpapierabwicklungsstatistiken in Deutschland 2010 - 2014, Stand November 2015, Online unter https://www.Bundesbank.de/ Redaktion/DE/Downloads/Statistiken/Geld_Und_Kapitalmaerkte /Zahlungsverkehr/zvs_daten.pdf.

Deutsche Bundesbank (2015e): Zeitreihe BBK01.OJA981 - Zahl der berichtenden Kreditinstitute nach Größenklassen, Online unter https://www.bundesbank.de/Navigation/DE/Statistiken/Zeitreih en_Datenbanken/Makrooekonomische_Zeitreihen/its_details_chart s_node.html?https=1&listId=www_s100_bh_105_01&tsId=BBK01.O JA981.

Deutsche Kreditwirtschaft (2015a): Garantierte Zahlungen, Online unter http://www.die-deutsche-kreditwirtschaft.de/dk/zahlungs verkehr/zulassungsverfahren/electronic-cash-system.html.

Deutsche Kreditwirtschaft (2015b): Typ-zugelassene POS-Terminals (EMV Debit/Credit), Stand 02.11.2015, Online unter http://www.die-deutsche-kreditwirtschaft.de/uploads/media/ DC_POS_2.5_DK_Liste_POS_Terminal-EMV_DebitCredit_Zu lassungen_Stand_20151102.pdf.

Deutsche Telekom (2016): ClickandBuy-Dienste bald nicht mehr verfügbar, Meldung ohne Datumsangabe, Online unter https://de.card.my-wallet.com/de/cardandsticker.

DKB (2015): Lufthansa Miles & More Credit Card, Online unter https://www.dkb.de/privatkunden/lufthansa/.

EC Cash Direkt (2015): TA 7.1 für ec cash Terminals, Online unter http://www.ec-cash-direkt.de/news/anhang-ta71-ec-cash-terminal s.html.

EHI Retail Institute (2015): Mobile in Retail, Stand 06.11.2015, Online unter http://www.ehi-shop.de/de/handelsthemen/ zahlungssysteme/studie-mobile-in-retail-2015.

EPC [European Payments Council] (2014): Overview Mobile Payments Initiatives, Version 2.0 vom 12.12.2014, Online unter http://www.europeanpaymentscouncil.eu/index.cfm/knowledge-bank/epc-documents/epc-overview-on-mobile-payments-initiatives-edition-december-2014/epc091-14-v20-epc-overview-on-mobile-payments-initiatives/.

EStG (2015): Einkommensteuergesetz, Stand 21.12.2015, Online unter http://www.gesetze-im-internet.de/estg/BJNR010050934. html.

Europäische Zentralbank (2015a): Banknotes and coins circulation, Stand Oktober 2015, Online unter https://www.ecb.Europa.eu/stats/money/euro/circulation/html/index.en.html.

Europäische Zentralbank (2015b): Payment Statistics, Stand Oktober 2015, Online unter http://sdw.ecb.europa.eu/reports.do?node=1000001964.

Europäische Zentralbank (2015c): Fourth report on card fraud, Stand Juli 2015, Online unter https://www.ecb.europa.eu/pub/pdf/other/4th_card_fraud_report.en.pdf.

EU-Verordnung 2015/751: Verordnung (EU) 2015/751 des Europäischen Parlaments und des Rates vom 29.04.2015 über Interbankenentgelte für kartengebundene Zahlungsvorgänge, in: Amtsblatt der Europäischen Union, Ausgabe vom 19.05.2015, S. 1-15.

E-Plus (2016): E-Plus Mobile Wallet – das Smartphone wird zur digitalen Brieftasche, Meldung ohne Datumsangabe, Online unter http://eplus-gruppe.de/redaktionsservice-mobile-wallet/e-plus-mobile-wallet-das-smartphone-wird-zur-digitalen-brieftasche/.

Filkorn, Markus (2015): Digital Transformation Blog, Beitrag vom 15.07.2015, Online unter https://www.de.capgemini-consulting.com/blog/digital-transformation-blog/2015/07/banking-is-necessary-banks-are-not-wie-banken-im-zeitalter.

Foundata (o.J.): QR Code Generator, Online unter http://goqr.me/.

Fundinger, Danny (2012): Mobile Payments - Bezahlen mit dem Handy, in: Dittrich, Alfred/Egner, Thomas: Trends im Zahlungsverkehr, Bank-Verlag Köln, S. 225-250.

Google Play (2015): Apps-Top-Chart am 21.12.2015, Online unter https://play.google.com/store/apps/top.

Hartmann, Monika (2000): Elektronisches Geld und Geldpolitik, zugl. Diss. Universität Karlsruhe 2000, Gabler Verlag Wiesbaden.

Hodel, Dennis/Janz, Oliver (2015): Jedem Verkäufer ein Tablet?, Online unter http://www.heilbronn.dhbw.de/fileadmin/img/news/2015/Jedem_Verkaeufer_ein_Tablet.pdf.

ibi research (2015a): Fokusthema Kontaktloses Bezahlen, Payment Barometer Stand April 2015, Online unter http://www.ibi.de/files/Payment-Barometer_1-2015.pdf.

ibi research (2015b): Fokusthema Mobile Point of Sale, Payment Barometer Stand Dezember 2015, Online unter http://www.ibi.de/files/Payment-Barometer_2-2015.pdf.

Industracom (o.J.): Barcode nach GS1-GTIN14, Online unter http://images.industracom.com/products/images/131236_1.jpg.

Institut für Handelsforschung (2015): Mobile Payment - Chance für den stationären Handel?, Vortrag am 15.07.2015, Online unter http://heilbronn.ihk.de/ximages/1462495_0vortragkl.pdf.

Jacob, Adolf F. (1987): Der Bankbetrieb, 5. völlig überarb. Aufl., Gabler Verlag Wiesbaden.

Kleine, Jens/Venzin, Markus/Ludwig, Florian/Krautbauer, Matthias (2012): Mobile Payment – wohin geht die Reise?, Online unter http://www.steinbeis-research.de/index.php/de/publikationen/research-center-studien/studien-payment.

Kleine, Jens/Krautbauer, Matthias/Weller, Tim (2013): Cost of Cash – Status Quo und Entwicklungsperspektiven in Deutschland, Online unter http://www.steinbeis-research.de/index.php/de/publikationen/research-center-studien/studien-payment.

Kotler, Philip/Keller, Kevin Lane/Brady, Mairead/Goodman, Malcolm/Hansen, Torben (2012): Marketing Management, 2nd european edition, Prentice Hall International Verlag Harlow et al.

Kreimer, Tim/Rodenkirchen, Sonja (2010): Mobile Payment, Online unter http://www.ecckoeln.de/Downloads/Themen/Payment/KPMG_Mobile_Payment_2010.pdf.

Lischka, Konrad (2008): Technikärgernis Magnetstreifen - Das Einsteckrätsel EC-Karte, in: Spiegel Online am 17.06.2008, Online unter http://www.spiegel.de/netzwelt/tech/technikaergernis-magnetstreifen-das-einsteckraetsel-ec-karte-a-560073.html.

Mosig, Stefan (2012): Mobiles Zahlen am POS, unveröffentlichte Diplomarbeit an der Europäischen Fernhochschule Hamburg.

Mosig, Stefan/Sommer, Matthias (2014): Mobile Payment & Mobile Marketing, tredition Verlag Hamburg.

Motte, Laura de la (2015): Ein Paypal-Killer killt sich selbst, Meldung vom 24.11.2015, Online unter http://www.Handels blatt.com/unternehmen/banken-versicherungen/mobiler-bezahl dienst-yapital-ein-paypal-killer-killt-sich-selbst/12631460.html.

O2 (2014): The O2 Wallet is now closed, Meldung ohne Datumsangabe, Online unter http://www.o2.co.uk/money.

o.V. (2015): Comic der Woche ohne Titelangabe, in: Wirtschaftswoche, Ausgabe 51 vom 11.12.2015, S. 106.

Payment Card Industry (2013a): Datensicherheitsstandard (PCI DSS), Version 3.0, Stand November 2013, Online unter https://de.pcisecuritystandards.org/minisite/en/pci-dss-v3-0.php.

Payment Card Industry (2013b): Datensicherheitsstandard für Zahlungsanwendungen (PA DSS), Version 3.0, Stand November 2013, Online unter https://de.pcisecuritystandards.org/ _onelink_/pcisecurity/en2de/minisite/en/docs/PA-DSS_v3.pdf.

Pelikan, Maike (2014): Womit verbringen wir unser Leben?, Meldung vom 03.01.2014, Online unter http://www. presseportal.de/pm/24835/2631810.

Power, Cameron (2014): Wtf is wrong with this dude?, Tweet vom 05.02.2014, Online unter https://twitter.com/cap0w.

Rüter, Horst (2012): Payment-Entwicklungen aus Sicht der Handelsforschung, Vortrag am 24.04.2012, EHI Kartenkongress 2012, nicht frei zugängliche Kongressunterlagen.

Samsung (2015a): The way forward, Online unter http://www.samsung.com/common/aboutsamsung/download/performance/2014_English.pdf.

Samsung (2015b): Samsung Electronics Annual Report 2014, Online unter http://www.samsung.com/common/aboutsamsung/download/companyreports/2014_E.pdf.

Samsung (2015c): Samsung Pay, Online unter http://www.samsung.com/us/samsung-pay/.

Schlautmann, Christoph (2014): Gefährliche Ausreden, in: Handelsblatt, Ausgabe vom 03.02.2014, S. 26.

Schneck, Ottmar/Buchbinder Felix (2015): Eine Welt ohne Geld, UVK Verlagsgesellschaft Konstanz.

Serfas, Sebastian (2015): Bargeldlose Zahlungsmittel und Beschränkungen der Bargeldnutzungsmöglichkeiten, Online unter https://www.fom.de/uploads/forschungsprojekte/downloads/15 1125_Ergebnisbericht_Bargeldnutzungsbeschraenkungen.pdf.

Starbucks (2015): Fragen und Antworten zur Mobile App, Online unter http://www.starbucks.de/customer-service/faqs/mobile-apps-faqs.

Statistisches Bundesamt (2015): Statistisches Jahrbuch 2015, Eigenverlag Wiesbaden.

Steimels, Dennis (2012): Wie alles begann – Die Geschichte des Smartphones, Artikel vom 01.06.2012, Online unter http://www.pcwelt.de/ratgeber/Handy-Historie-Wie-alles-begann-Die-Geschichte-des-Smartphones-5882848.html.

Steuer, Helmut (2013): Ohne Mobiltelefon kaum noch geschäftsfähig, in: Handelsblatt, Ausgabe vom 28.03.2013, S. 7.

Stiftung Warentest (2001): ec-Scheck-Garantie - Abschied vom Eurocheque, Artikel vom 18.12.2001, Online unter https://www.test.de/ec-Scheck-Garantie-Abschied-vom-Eurocheque-22798-0/.

Thinius, Max (2012): Wir verbringen 7 Tage im Jahr im Supermarkt, Meldung vom 06.09.2012, Online unter http://www.presseportal.de/pm/103725/2320212.

Vodafone (2015): MasterCard cardholders can now use Vodafone Wallet to pay contactlessly, Meldung vom 16.11.2015, Online unter http://www.vodafone.com/content/index/media/vodafone-group-releases/2015/mastercard-wallet.html.

Walter, Eva (2010): Zahlungsverhalten am stationären Point of Sale, zugl. Diss. WU Wien 2009, Gabler Verlag Wiesbaden.

Wiedemann, Dietmar/Goeke, Laura/Pousttchi, Key (2008): Ausgestaltung mobiler Bezahlverfahren, Conference Paper Januar 2008, Online unter www.researchgate.net/publication/221274893.

Autoren

Dr. Ludwig Hierl ist Inhaber einer Professur an der DHBW Heilbronn. Die Schwerpunkte der Forschungs-, Lehr- und Seminartätigkeiten des an der Universität Regensburg promovierten Diplom-Kaufmanns liegen insbesondere in den Bereichen Bilanzierung (HGB und IAS/IFRS), Controlling, Investition und Finanzierung sowie Managementlehre.  Der mehr als ein Jahrzehnt u. a. als Leiter für Finance and Controlling in der Industrie tätige Reserveoffizier, Prüfer, Gutachter, Autor sowie Trainer für technische und kaufmännische Fach- und Führungskräfte berät zudem Unternehmen insbesondere bei der Businessplanung.

Diplom-Kaufmann (FH) Stefan Mosig, B.A., ist seit 1992 als Business Coach, Manager und Interim-Manager international für Industrie- und Dienstleistungsunternehmen tätig. Strategie & Change, Existenzgründung und Sanierung bilden die Schwerpunkte seiner freiberuflichen Unternehmensberatung. Der ehemalige Luftwaffenoffizier ist seit 2008 Experte für Mobile Payment, Mobile Marketing und alternative Zahlungssysteme. Er doziert an der DHBW Heilbronn, der  European Management School Mainz und der Cologne Business School. Als Key Account Manager begleitete er bis 2010 die Entwicklung und die Pilotierung einer mobilen Zahlungs- und Loyalty-Lösung. Der Fachbuchautor und Key-Speaker bietet weiterhin erfolgreich Seminare, Vorträge und Workshops an.

www.ingramcontent.com/pod-product-compliance
Lightning Source LLC
LaVergne TN
LVHW050144060326
832904LV00004B/169